Bookkeeping
for Beginners

# 初級簿記テキスト 第2版

◉伊藤龍峰
◉工藤栄一郎 著
◉坂根純輝
◉東 幸代

中央経済社

# 第 2 版 の 序

　本書を上梓して 2 年が過ぎましたが，この間，幸いにも多くの読者諸賢に受け入れられてきましたことを，この場を借りてお礼を申し上げますとともに，第 2 版を送り出すことができましたことを，執筆者一同，心より感謝いたします。

　第 2 版では，出版以来，読者諸賢から戴いた要望や，私たち執筆者が本書を利用している間に気付いた点等について反映させるとともに，必要な改訂を加えました。特に，次の 2 点については，意を用いて改訂しました。

　第 1 点目は，初版の「はじめに」でも記載しましたように，本テキストは，簿記の初学者向けのものであるため，できるだけ平易な文章で説明することを心掛けましたが，簿記に不慣れな初学者の中には，私たち執筆者にとっては必要かつ十分な説明文と考えていたところでさえ，説明内容の過不足のために，理解が困難であるとの指摘があったことも事実です。そのため，第 2 版では，さらに理解可能性を高めるために，簿記理論上の説明は必要最小限に留めながらも，初学者が簿記の全体像を俯瞰的に理解できる内容とするための工夫をあちらこちらに施しました。

　第 2 点目は，各章末の練習問題を精査して差し替えるとともに，追加の練習問題をできるだけ多く配置したことです。このことによって，初学者が各章の説明に応じた練習問題を多く解くことで，より理解が促進されることになると確信しています。

　以上のような理由から第 2 版を発刊することとしました。本書によって，多くの方々が簿記の基本的な考え方を習得し，さらに中・上級の簿

記へと進むための契機が得られるとするならば，執筆者一同，望外の喜びです。本書を手にされた皆さん方が，簿記学習に関する所期の目的を達成されることを願ってやみません。

　最後になりましたが，第2版の出版にあたっても，編集者である㈱中央経済社専務取締役の小坂井和重氏に大変お世話になりました。お礼を申し上げる次第です。

2020（令和2）年2月

執筆者を代表して　伊　藤　龍　峰

# は　じ　め　に

　今，本書を手に取って読んでいる皆さんのほとんどは，簿記をこれから勉強しようとしている初学者の方だと思います。本書は，そのような方たちのために，どのようにしたら簿記に興味を持ち続けながら習得してもらえるかを念頭に執筆したものです。そのため，本書では，簿記の基本中の基本だけを取り扱い，簿記の理解のために最低限必要なものを除いて詳細な説明は行っていません。簿記の初学者にとって，専門的で詳細な説明は時には簿記の理解を妨げることになる場合があるからです。

　簿記は，企業の経済活動を記録・計算するための手段として，世界中で用いられている仕組みです。簿記はしばしば，「ビジネスの言語」とよばれますが，「ビジネスの言語」としての簿記の基本的な用語や仕組みを理解していることが，現代人としての必須知識の1つだと言われています。現代社会に生きる私たちは，企業の経済活動と無縁の存在ではありえないからです。

　なぜならば，私たちは，企業が簿記を用いて作成した結果の報告書（財務諸表）を利用していろいろな意思決定を行うことになるからで，簿記は，私たちが否応なしに身につけていなければならない必須の知識ということになります。このような簿記を習得するためには，簿記学習の入口の段階でどのようなテキストを用いて学習するかがその後の成否を決定する重要な要因となります。

　日本商工会議所主催簿記検定試験は，2017年度から，それまでの「4級」を廃止し，「初級」を新設しました。本書は，書名からもわかりま

すように，「初級」の受験用テキストとして利用していただくことを主眼としています。内容も「初級」の範囲をすべて網羅するとともに，各章末には「初級」の検定試験を想定した練習問題を多く配置しています。

　ただ，本書は，「初級」の受験用テキストとしてだけに特化するのではなく，「初級」の受験を予定していない初学者にとっても，簿記の導入書として最大の配慮を行っています。少し欲張った執筆動機であるかもしれませんが，執筆者一同，本書は概ねその趣旨を達成しているのではないかと密かに自負しているところです。

　本書によって，一人でも多くの初学者が簿記に興味を持ち，経済社会を読み解くツールとしての簿記の知識を習得するきっかけになるとともに，多くの方たちが「初級」の検定試験に合格されるとするならば，執筆者一同，これに勝る喜びはありません。本書を手にしている皆さんは今，そのスタートラインに立っています。簿記知識の習得に向けて，皆さん方の今後の健闘をお祈りいたします。

　最後になりましたが，本書の出版をお願いしたところ，快くお引き受けいただいた㈱中央経済社取締役専務の小坂井和重氏に，心よりお礼を申し上げます。

　2018年3月

執筆者を代表して　伊　藤　龍　峰

# CONTENTS

## 第Ⅰ部　簿記の基本原理

第1章■　簿記の基本 ————————————————— 3

　　1　簿記の意味と目的／ 3

　　2　簿記を学ぶ意義／ 4

　　練習問題 1・6

第2章■　資産・負債・純資産（資本）と貸借対照表 —— 7

　　1　資産・負債・純資産（資本）の概念／ 7

　　（1）資　　産／ 7

　　（2）負　　債／ 8

　　（3）純資産（資本）／ 8

　　2　貸借対照表と財政状態／ 9

　　練習問題 2・10

第3章■　収益・費用と損益計算書 ————————— 11

　　1　収益・費用の概念／ 11

（1）収　　益／*11*

（2）費　　用／*11*

2　損益計算書と経営成績／*12*

3　損益計算書と貸借対照表の関係／*14*

練習問題 **3** ・ *15*


第4章■　取引と帳簿記入 ——————————————*17*

1　簿記上の取引／*17*

2　取引の8要素と結合関係／*18*

3　勘定と総勘定元帳／*20*

4　仕訳と仕訳帳／*21*

（1）仕訳の方法／*21*

（2）仕 訳 帳／*24*

5　勘定転記と貸借平均の原理／*24*

（1）転記のルール／*24*

（2）貸借平均の原理／*25*

6　証ひょうと伝票／*26*

（1）証ひょう／*26*

（2）伝　　票／*26*

練習問題 **4** ・ *28*

## 第Ⅱ部　取引の処理

第5章■　現金預金 ——————————————35

　　1　現金と現金勘定／35

　　　　（1）現金勘定／35

　　　　（2）現金勘定の記帳／36

　　2　当座預金／36

　　　　（1）当座預金／36

　　　　（2）当座預金勘定の記帳／37

　　3　その他の預金／38

　　練習問題 5 ・38


第6章■　商品売買 ——————————————41

　　1　仕入と売上の記帳／41

　　　　（1）3 分 法／41

　　2　商品売買取引の決済／43

　　　　（1）売掛金と買掛金／43

　　　　（2）クレジット取引／44

　　3　仕入諸掛と発送費／44

　　4　返品の処理／45

　　　　（1）仕入戻しと売上戻り／45

　　　　（2）返品の処理／45

練習問題 **6** ・ *46*

第7章■ 手　形 ──────────────*49*

1 約束手形／*49*

2 電子記録債権と電子記録債務／*51*

練習問題 **7** ・ *53*

第8章■ その他の債権債務 ──────*55*

1 貸付金と借入金／*55*

2 未収入金と未払金／*56*

3 前払金と前受金／*57*

4 立替金と預り金／*58*

（1）立 替 金／*58*

（2）預 り 金／*59*

5 仮払金と仮受金／*60*

（1）仮 払 金／*60*

（2）仮 受 金／*60*

練習問題 **8** ・ *62*

第9章■ 固定資産 ──────────*63*

1 固定資産の取得／*63*

（1）有形固定資産／*63*

（2）有形固定資産の取得原価／*63*

2　有形固定資産の売却／64

3　減価償却／65

（1）減価償却とは／65

（2）減価償却費の記帳方法／66

練習問題 **9** ・68


第10章■　　純資産（資本）————————————————69

1　資　本　金／69

2　資本の引き出し／70

（1）引　出　金／70

（2）店主の所得税の支払い／71

練習問題 **10** ・71


第11章■　収益と費用————————————————73

1　収益の諸勘定／73

2　費用の諸勘定／74

練習問題 **11** ・75


第12章■　　税　　　金————————————————77

1　固定資産税／77

2　印　紙　税／78

3　消　費　税／78

練習問題 **12** ・79

# 第Ⅲ部　月次の集計

第13章■　試算表の作成 ——————————————83

1　試算表の意義と種類／83

（1）合計試算表の作成／83

（2）残高試算表／86

（3）合計残高試算表／87

2　月次の集計／89

練習問題 **13** ・90

**章末の練習問題について**

理解を確実にするために，各章の末尾に練習問題が用意されています。練習問題の解答用紙と解答は中央経済社のホームページ（http://www.chuokeizai.co.jp/）本書の紹介欄からダウンロードできます。

# ［本書で使用する勘定科目一覧］

| 資　産 | 現金 | 当座預金 | 普通預金 | 定期預金 | 売掛金 |
|---|---|---|---|---|---|
|  | クレジット売掛金 | 貸付金 | 立替金 | 前払金 | 未収入金 |
|  | 仮払金 | 受取手形 | 電子記録債権 | 繰越商品 | 備品 |
|  | 車両運搬具 | 建物 | 土地 | 減価償却累計額 | 仮払消費税 |
| 負　債 | 買掛金 | 借入金 | 前受金 | 未払金 | 仮受金 |
|  | 預り金 | 支払手形 | 電子記録債務 | 未払固定資産税 | 仮受消費税 |
| 純資産（資本） | 資本金 |  |  |  |  |
| 収　益 | 売上 | 受取家賃 | 受取地代 | 受取手数料 | 受取利息 |
|  | 固定資産売却益 |  |  |  |  |
| 費　用 | 仕入 | 発送費 | 給料 | 広告宣伝費 | 支払手数料 |
|  | 支払利息 | 旅費交通費 | 減価償却費 | 通信費 | 消耗品費 |
|  | 水道光熱費 | 支払家賃 | 支払地代 | 保険料 | 租税公課 |
|  | 修繕費 | 雑費 | 固定資産売却損 |  |  |

# 第Ⅰ部
## 簿記の基本原理

# 第1章

# 簿記の基本

## 1 簿記の意味と目的

　**簿記**とは，企業や商店などが行う経営活動のうち，金銭的な側面について**帳簿**に記録・計算して，報告書を作成するための手続きです。

　企業は，利益を獲得することを目的として様々な経営活動を行います。商品の仕入れと売り上げ，代金の支払いと回収，備品の購入や従業員への給料の支払いなどが代表的なものです。このような企業の経営活動は，一定の方法で帳簿に記録・計算され，その結果を報告します。帳簿に記録・計算する方法が簿記（bookkeeping）で，報告する手段が**財務諸表**（financial statements）とよばれています。

　簿記を用いて企業の経営活動を記録・計算することで，次のような点が明らかになります。

① 　一定時点で企業がもっている現金，商品，備品などの財産の状況（**財政状態**）を明らかにし，**貸借対照表**（balance sheet：B/S）で表示します。

② 　一定期間に企業が行った経営活動の成果（**経営成績**）を明らかにし，**損益計算書**（profit and loss statement：P/L）で表示します。

企業の経営活動は継続的に行われるため，1年や1カ月というように

一定期間を区切って，記録の結果をまとめて報告しますが，この区切られた期間を**会計期間**といいます。会計期間の初めを**期首**，終わりを**期末**（または**決算日**），期首から期末までの期間を**期中**といいます。

　簿記は，企業の財政状態と経営成績を明らかにしますので，企業の株主や債権者などの利害関係者は，財務諸表を利用して各種の意思決定を行ったり，また，企業の経営者は，経営計画を立てる際の重要な材料として利用するなどの役割を担っています。

## 2　簿記を学ぶ意義

　簿記を学ぶ意義はたくさんありますが，ここでは３つをあげておきます。

### ①　簿記は仕事に必須の知識

　簿記の知識があれば，就職活動で入社を検討している学生の皆さんや，取引を検討している企業にとっては，相手の企業の財務や経営の状態を理解できるようになります。つまり，簿記の知識を使って，入社してもよい企業であるのか，あるいは取引相手としてふさわしい企業であるのかなどがわかります。また，管理職の場合は，予算を組む際や所属部署の業績を分析・評価する際にも簿記の知識が必要になります。そして，利益率の高い商品の選別やコスト管理が実践できるようにもなり，適切な意思決定ができることになります。

　日商簿記検定の受験者数は年間数十万人に上っています。企業が就活生に求める資格取得のなかで最も期待するものの１つとして簿記検定があげられることからも，簿記が必須の知識であることがわかります。

**② 簿記を用いて確定申告をすると税金が安くなる場合があります**

簿記を用いて確定申告をすると税金が安くなる場合があります。たとえば，個人で飲食店などを経営している個人事業主の場合は，家族に支払った給与が経費として認められることになるため税金が安くなります。

**③ 簿記を学ぶと専門職への道が開かれます**

簿記を学ぶことにより，経理や財務といった企業内での会計専門家になれることはもちろんのこと，公認会計士，税理士またはUSCPA（米国公認会計士）といった職業的会計専門家への道も開かれています。そして，中小企業診断士試験，公務員である国税専門官，建設業経理士検定試験，ビジネス会計検定及びBATIC（国際会計検定）などにおいても簿記に関する問題が出題されています。

**練習問題 1**

　次の各文の（　　　　　　）にあてはまる答えとして，最も適当な語句を選択肢の中から選びなさい。

| 選択肢 | 貸借対照表，損益計算書，総勘定元帳，仕訳帳，簿記，期首，期中，期末，締切日 |

① 　会計期間の初めを（　　　　　　）という。

② 　会計期間の終わりを（　　　　　　）という。

③ 　（　　　　　　）とは，帳簿記入を意味し，企業の経営活動を記録・計算し，報告書を作成する手続きをいう。

④ 　会計期間の初めから終わりまでの期間を（　　　　　　）という。

⑤ 　一定期間における経営成績を明らかにする表を（　　　　　　）という。

⑥ 　一定時点の財政状態を明らかにする表を（　　　　　　）という。

## 第2章

# 資産・負債・純資産（資本）と貸借対照表

## 1 資産・負債・純資産（資本）の概念

### （1）資 産

　企業は，経営活動を行うために，現金，預金などの**財貨**や，売掛金，貸付金などの**債権**をもっています。簿記では，企業が保有しているこのような財貨や債権を**資産**といいます。

$$
資 産
\begin{cases}
財　貨……現金，普通預金，建物，備品など \\
\\
債　権……売掛金，貸付金など
\end{cases}
$$

**【資産の種類】**

| 勘定科目 | 内　　容 |
|---|---|
| 現　　金 | 通貨（紙幣や硬貨）など |
| 売 掛 金 | 商品を掛けで売り上げたときの未収の代金 |
| 貸 付 金 | 将来の一定の期日に返済してもらう約束で貸した資金 |
| 普通預金 | 銀行などに預け入れている普通預金 |
| 建　　物 | 経営活動のために保有している店舗や事務所などの建築物 |
| 備　　品 | 経営活動のために使用する机，いす，パソコンなど |

## （2） 負 債

　企業は，経営活動にともない，将来に現金などの支払いの義務を負う
ことがあります。商品の掛仕入れによる買掛金や銀行などからの借り入
れによる借入金が代表例です。このような将来の支払義務のことを，法
律上は**債務**とよびますが，簿記では，債務を**負債**といいます。

**【負債の種類】**

| 勘定科目 | 内　　容 |
|---|---|
| 買 掛 金 | 商品を掛けで仕入れたときの未払いの代金 |
| 借 入 金 | 銀行などから借り入れた金銭で，後日返済しなければならない義務 |

## （3） 純資産（資本）

　**純資産**は，資産から負債を差し引いた正味の財産のことです。また，
純資産には，事業主が経営活動のために出資した元手が含まれているた
め，**資本**ということもあります。純資産（資本）は，事業主による元手
を示す資本金が代表例です。

**【純資産（資本）の種類】**

| 勘定科目 | 内　　容 |
|---|---|
| 資 本 金 | 事業主が出資した元手のこと。個人企業の場合は，当期純損益によって，資本金勘定が増減します。 |

## 2　貸借対照表と財政状態

　**貸借対照表**は，企業の一定時点における**財政状態**を表す財務表です。企業が経営活動に必要な資金をいかに調達し，どのように運用しているかという資金の調達形態と運用形態のことを財政状態といいます。左側に資産が，右側には負債と純資産（資本）が示されます。また，資産の合計額と負債と純資産（資本）の合計額は必ず一致します。簿記では，貸借対照表などの財務表は T フォームの形式で表すことができます。その左側を**借方**，右側を**貸方**とよびます。

　T フォームによる貸借対照表は，次のように図示することができます。

```
（借方）　　　貸 借 対 照 表　　　（貸方）

                          │
                          │   負    債
                          │
         資    産         ├─────────────
                          │
                          │  純資産（資本）
                          │
```

**練習問題 2**

1　次の各文のカッコにあてはまる答えとして，最も適当な語句を選びなさい。

**選択肢**　資産，債権，負債，純資産（資本），資本金

①　資産とは，企業の経営活動に必要な財貨や（　　　　　　）をいう。

②　（　　　　　　）とは，企業が外部に金銭を支払う義務をいう。

③　純資産（資本）とは，（　　　　　）から負債を差し引いた残額をいう。

2　次の各文のカッコにあてはまる答えとして，最も適当な語句を選びなさい。

**選択肢**　経営成績，財政状態，貸方，借方

①　貸借対照表は，企業の一定時点における（　　　　　）を示す財務表です。

②　Ｔフォームの左側を（　　　　）といいます。

③　Ｔフォームの右側を（　　　　）といいます。

3　次の項目を，資産，負債，純資産（資本）に分類しなさい。

①　普通預金⇒（　　　　　）　　⑤　借　入　金⇒（　　　　　）

②　売　掛　金⇒（　　　　　）　　⑥　建　　　物⇒（　　　　　）

③　資　本　金⇒（　　　　　）　　⑦　買　掛　金⇒（　　　　　）

④　現　　　金⇒（　　　　　）　　⑧　備　　　品⇒（　　　　　）

# 第3章

# 収益・費用と損益計算書

## 1 収益・費用の概念

### （1） 収　　益

　企業の経営活動の結果として，純資産（資本）が増減します。純資産（資本）が増加する原因を**収益**といいます。収益には次のようなものがあります。

| 勘定科目 | 内　　容 |
|---|---|
| 売　　　上 | 商品の販売などによって得た収入 |
| 受取手数料 | 商品売買の仲介やサービス（役務）を提供して受け取った手数料 |
| 受 取 利 息 | 銀行預金や貸付金などから受け取った利息 |
| 受 取 家 賃 | 他人に事務所などを賃貸して受け取った家賃 |

### （2） 費　　用

　企業の経営活動の結果として，純資産（資本）が増減します。純資産（資本）が増加する原因は収益でしたが，純資産（資本）が減少する原因を**費用**といいます。費用には次のようなものがあります。

| 勘定科目 | 内　　容 |
|---|---|
| 仕　　入 | 販売する目的で仕入れた商品の購入にかかった支出 |
| 広告宣伝費 | テレビ・新聞などの広告宣伝代金 |
| 給　　料 | 従業員などに支払った給与 |
| 通　信　費 | 切手・ハガキなどの郵便料金や電話料金 |
| 消 耗 品 費 | 事務用文房具・帳簿・伝票などの購入代金 |
| 水道光熱費 | 水道代・電気料・ガス代など |
| 旅費交通費 | 電車，バス，タクシー，航空機などの料金 |
| 雑　　費 | 新聞購読料，お茶菓子代など |
| 支 払 利 息 | 借入金に対して支払った利息 |

# 2　損益計算書と経営成績

　損益計算書は，企業の一定期間の経営成績を表す財務表です。**経営成績**は企業の経営活動の成果を意味し，収益から費用を差し引いて求められる当期純損益の獲得状況のことをいいます。

　損益計算書は，借方に費用の項目を，貸方に収益の項目を示し，両者の差額として，当期純損益が表示されます。**当期純利益**が表示される場合と**当期純損失**が表示される場合の損益計算書を次のページに図示します。

**【当期純利益の場合】**

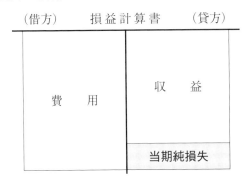

　獲得された収益が費用の金額より大きい場合，当期純利益が算定されます。損益計算書では，当期純利益は借方側に表示されます。

**【当期純損失の場合】**

　獲得された収益よりも費用の金額が大きい場合，当期純損失が算定されます。損益計算書では，当期純損失は貸方側に表示されます。

# 3　損益計算書と貸借対照表の関係

　損益計算書と貸借対照表には密接な関係があります。これらは当期純損益で繋がっています。企業の経営活動は利益を獲得することを目的として行われますが，簿記では，純損益（プラスは純利益，マイナスは純損失）の計算は，次のように，収益から費用を差し引いて計算されます。

$$収益－費用＝当期純損益$$

　このような計算方法を**損益法**とよびます。

　また，当期純損益は，貸借対照表を利用して計算することもできます。

$$期末純資産（期末資本）－期首純資産（期首資本）＝当期純損益$$

　このような計算方法を**財産法**とよびます。財産法は，期末純資産（期末資本）と期首純資産（期首資本）を比較する方法です。
　このように，複式簿記では，この2つの計算方法で当期純損益を算出することができます。しかも，損益計算書と貸借対照表の当期純損益の額は一致します。

## 練習問題 3

**1**　次の各文のカッコにあてはまる答えとして，最も適当な語句を選びなさい。

**選択肢**　負債，給料，純資産（資本），売上，借入金，備品

① 利益は，収益から（　　　　　　）を差し引いた差額である。

② 収益には，（　　　　　　），受取手数料，受取家賃などがある。

③ 費用には，仕入，（　　　　　　），消耗品費などがある。

**2**　次の各文のカッコにあてはまる答えとして，最も適当な語句を選びなさい。

**選択肢**　財政状態，経営成績，当期純利益，当期純損失

① 損益計算書は，企業の一定期間の（　　　　　　）を表す財務表である。

② （　　　　　　）は，収益から費用を差し引いた額がマイナスの状態をいう。

**3**　次の各文のカッコにあてはまる答えとして，最も適当な語句を選びなさい。

**選択肢**　経営成績，財政状態，財産法，損益法

① （　　　　　　）では，収益と費用の差額として当期純損益が算定される。

② （　　　　　　）では，期首と期末の純資産（資本）の差額として当期純損益が算定される。

**4**　次の資料にもとづいて，当期の純損益を求めなさい。当期純損失が生じた場合は，金額の前に△をつけて解答すること（例：△¥500）。

①

| 期首資産 | ¥6,000 |
|---|---|
| 期首負債 | 2,500 |
| 期末資産 | 6,250 |
| 期末負債 | 2,500 |

②

| 収益総額 | ¥18,600 |
|---|---|
| 費用総額 | 17,600 |

③

| 期首資産 | ¥7,000 |
|---|---|
| 期首負債 | 4,000 |
| 期末純資産 | 1,000 |

④

| 期首純資産 | ¥3,300 |
|---|---|
| 期末資産 | 7,400 |
| 期末負債 | 5,700 |

**5**　次のAからIに入る正しい金額を計算しなさい（△は純損失を示す）。

| | 期首純資産 | 期末資産 | 期末負債 | 期末純資産 | 収益総額 | 費用総額 | 純損益 |
|---|---|---|---|---|---|---|---|
| (1) | A | 6,000 | 2,000 | B | 5,000 | C | 1,000 |
| (2) | 5,000 | D | 3,000 | 7,000 | E | 6,500 | F |
| (3) | 4,500 | 7,500 | G | H | 4,200 | I | △1,000 |

# 第4章
# 取引と帳簿記入

## 1 簿記上の取引

　簿記では，企業の資産・負債・純資産（資本）に増減変動をもたらす経営活動を記録の対象とします。このことを（簿記上の）「**取引**」といいます。他方，企業の資産・負債・純資産（資本）に増減変動を生じさせない出来事は，簿記上の取引には該当しません。たとえば，簿記上の「取引」に該当するものとして，次のような出来事があげられます。

- 商品を販売し現金で代金を受け取ると，資産である商品が減少し，現金が増加します。
- 建物が火災により焼失した場合には，建物という資産が減少します。
- 金庫に入っていた現金が盗難にあった場合には，現金という資産が減少します。

　反対に，簿記上の「取引」に該当しないものとしては，次のような出来事があります。

- 土地・建物を借りるための賃貸借契約を結んだ場合，資産，負債及び純資産に増減がないため簿記上の取引に該当しません。

　一般にいう取引と簿記上の「取引」とは，次の図のような関係にあります。

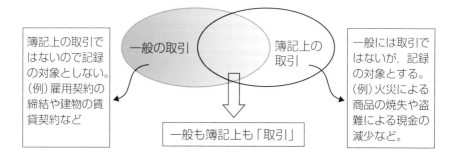

簿記上の取引ではないので記録の対象としない。(例)雇用契約の締結や建物の賃貸契約など

一般の取引

簿記上の取引

一般には取引ではないが，記録の対象とする。(例)火災による商品の焼失や盗難による現金の減少など。

一般も簿記上も「取引」

## 2　取引の8要素と結合関係

　簿記上の「取引」によって，「資産の増加」，「資産の減少」「負債の増加」，「負債の減少」，「純資産（資本）の増加」，「純資産（資本）の減少」，「収益の発生」，それに「費用の発生」のいずれかの現象が生じます。つまり，「取引」はこれら8つの要素が結合して成り立っています。これを**取引の8要素**とよび，その関係は，次に示すとおりです。

### [取引の8要素と結合関係]

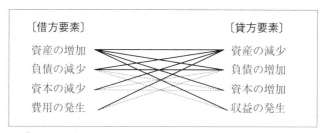

〔借方要素〕　　　　　　　　　　〔貸方要素〕
資産の増加　　　　　　　　　　資産の減少
負債の減少　　　　　　　　　　負債の増加
資本の減少　　　　　　　　　　資本の増加
費用の発生　　　　　　　　　　収益の発生

※「‥‥‥‥」で示された取引はあまり発生しません。

簿記上の取引は，かならず，借方要素と貸方要素との間でしか結びつくことはなく，借方要素だけ，または貸方要素だけという結びつきは存在しません。

[例題4-1]　福岡商店の4月中の取引について，取引要素の結合関係を示しなさい。

① 現金¥100,000を元入れして，営業を始めた。
② 商品¥50,000を仕入れ，代金は掛けとした。
③ 事務所で使うパソコン¥20,000を購入し，代金は現金で支払った。
④ 銀行から現金¥60,000を借り入れた。
⑤ 商品¥15,000を販売し，代金は掛けとした。
⑥ 借入金¥20,000を利息¥1,000とともに現金で返済した。

《解答》

| | 借方要素 | 貸方要素 |
|---|---|---|
| ① | 資産（現金）　　¥100,000の増加 | 純資産（資本金）¥100,000の増加 |
| ② | 費用（仕入）　　¥50,000の発生 | 負債（買掛金）　　¥50,000の増加 |
| ③ | 資産（備品）　　¥20,000の増加 | 資産（現金）　　　¥20,000の減少 |
| ④ | 資産（現金）　　¥60,000の増加 | 負債（借入金）　　¥60,000の増加 |
| ⑤ | 資産（売掛金）　¥15,000の増加 | 収益（売上）　　　¥15,000の発生 |
| ⑥ | 負債（借入金）　¥20,000の減少<br>費用（支払利息）¥1,000の発生 | 資産（現金）　　　¥21,000の減少 |

# 3　勘定と総勘定元帳

　簿記における記録の単位を**勘定**とよびます。勘定では，＋（プラス）
や－（マイナス）の符号の代わりに，記入の位置を左側と右側に分けて
増減を記録します。

　勘定が帳簿上に具体的に設けられるとき，それを**勘定口座**といいま
す。勘定口座が設けられている帳簿が**総勘定元帳**です。総勘定元帳は**勘
定科目**ごとに勘定口座が設けられています。勘定科目とは，現金，借入
金，仕入，売上などの個別具体的な記録単位のことです。

　また，各勘定への記入には次のようなルールがあります。①資産が
増加した場合は借方に記入し，減少した場合は貸方に記入します。②負
債が増加した場合は貸方に記入し，減少した場合は借方に記入します。
③資本（純資産）が増加した場合は貸方に記入し，減少した場合は借
方に記入します。④費用が発生した場合は借方に記入します。⑤収益
が発生した場合は貸方に記入します。

　勘定は，次のようにＴ字勘定（Ｔフォーム）の形式に略していきま
す。

| （借方） | （貸方） |
|---|---|
| ①　資産の増加 | ①'資産の減少 |
| ②'負債の減少 | ②　負債の増加 |
| ③'純資産の減少 | ③　純資産の増加 |
| ④　費用の発生 | ⑤　収益の発生 |

　現金について計算する勘定は，現金勘定とよばれます。現金は資産なので，増加すると現金勘定の借方に記録し（借記といいます），減少すると現金勘定の貸方に記録します（貸記といいます）。

　たとえば，5月1日から5月4日までの4日間の処理をしてみます。①5月1日に現金が¥30,000増加した場合，この金額を現金勘定の借方に記入します。②5月2日に現金が¥10,000減少した場合，この金額を現金の貸方に記入します。③5月3日に現金が¥15,000増加し，④5月4日に現金が¥20,000減少した際も同じように記録します。この場合，5月1日から5月4日までの現金勘定は以下のようになります。

| （借方） | 現 | 金 | （貸方） |
|---|---|---|---|
| ① | 30,000 | ② | 10,000 |
| ③ | 15,000 | ④ | 20,000 |

# 4　仕訳と仕訳帳

　簿記では，簿記上の取引を各勘定に記入する前に，取引を借方項目と貸方項目に分解して，金額を決定する**仕訳**という手続きがあります。

## （1）　仕訳の方法

　「¥1,000,000の建物を現金で購入した。」という取引を仕訳してみます。仕訳をする際に，以下の3ステップを参考にしてください。

**ステップ1**　まずは取引に出てくる勘定科目（ここでは，現金と建物です）が資産・負債・純資産・費用・収益のどの要素に分類されるかを特定します。

（借方）　　　　　　　　　　　　　　　　　　　　　　　　（貸方）

| 資　産 | 負　債 |
|---|---|
| 現金，普通預金，建物，備品等といった財貨及び売掛金，貸付金等といった債権。 | 買掛金，借入金といった債務。 |
| | 純資産（資本） |
| | 資本から負債を差し引いた正味の財産のことです。資本金が該当します。 |
| 費　用 | 収　益 |
| 純資産が減少する原因となる仕入，広告宣伝費，給料，通信費，消耗品費，支払利息等。 | 純資産が増加する原因となる売上，受取手数料，受取利息，受取家賃等。 |

上にあげた分類表から建物及び現金が資産であるということを特定します。

**ステップ2**　勘定科目を1つずつ処理していきます。建物という資産が増加しています。資産が増加した場合，取引の8要素に従い，借方に記入します。建物という資産が¥1,000,000増加したので，借方に建物1,000,000と書きます。

（借）　建　　　　物　1,000,000

**ステップ3**　次に現金を処理していきます。現金という資産が減少しています。資産が減少した場合，取引の8要素に従い，貸方に記入します。現金という資産が¥1,000,000減少したので，貸方に現金1,000,000と書きます。

（貸）現　　　　金　1,000,000

　この3ステップを踏むことにより，以下の仕訳問題の解答が完成します。なお，仕訳をする際に借方の合計金額と貸方の合計金額は必ず一致します。

《解答》
（借）建　　　　物　1,000,000　　（貸）現　　　　金　1,000,000

[例題4-2]　次の取引を仕訳しなさい。
　4月1日　現金￥300,000を元入れして，事業を始めた。
　　　4日　東京商店から商品￥300,000を仕入れ，￥100,000は現金で支払い，残額は掛けとした。
　　　7日　大阪銀行から現金￥90,000を借り入れた。
　　10日　愛知商店に商品￥70,000を売り上げ，代金は掛けとした。
　　18日　愛知商店から売掛金の一部￥40,000を現金で受け取った。
　　20日　従業員に給料￥50,000を現金で支払った。
　　25日　東京商店に買掛金の一部￥60,000を現金で支払った。

《解答》

| | | | | | | | |
|---|---|---|---|---|---|---|---|
| 4月1日 | （借）現　　　金 | 300,000 | （貸）資　本　金 | 300,000 |
| 4日 | （借）仕　　　入 | 300,000 | （貸）現　　　金 | 100,000 |
| | | | 買　掛　金 | 200,000 |
| 7日 | （借）現　　　金 | 90,000 | （貸）借　入　金 | 90,000 |
| 10日 | （借）売　掛　金 | 70,000 | （貸）売　　　上 | 70,000 |
| 18日 | （借）現　　　金 | 40,000 | （貸）売　掛　金 | 40,000 |
| 20日 | （借）給　　　料 | 50,000 | （貸）現　　　金 | 50,000 |
| 25日 | （借）買　掛　金 | 60,000 | （貸）現　　　金 | 60,000 |

## （2）　仕　訳　帳

仕訳を記入する帳簿を**仕訳帳**といいます。仕訳帳と総勘定元帳の2つの帳簿を**主要簿**といい，どのような商店や会社であっても，必ず用いなければならない帳簿と位置づけています。また，特定の勘定科目の内容を記入する会計帳簿で，主要簿である仕訳帳と総勘定元帳を補完する帳簿のことを**補助簿**といいます。

# 5　勘定転記と貸借平均の原理

簿記上の取引を仕訳した後に，その仕訳にもとづいて，総勘定元帳の各勘定口座へ書き移します。この手続きを**転記**といいます。

## （1）　転記のルール

**ルール 1**　　借方に仕訳されたものは，その勘定口座の借方に金額を記入します。

**ルール 2**　　貸方に仕訳されたものは，その勘定口座の貸方に金額を記入します。

（例）　商品￥300を仕入れて代金は掛けとした。

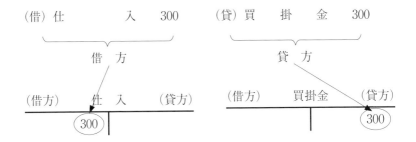

[例題4-3]　次の仕訳を各勘定へ転記しなさい。

① （借）現　　　　金　　500　　（貸）借　入　金　　500
② （借）借　入　金　　100　　（貸）現　　　　金　　120
　　　　支　払　利　息　　20
③ （借）現　　　　金　　200　　（貸）借　入　金　　200

《解答》

## （2）　貸借平均の原理

　仕訳をすると，借方と貸方の金額が必ず一致します。そして，転記の際は借方に記入された金額は必ず他の勘定科目の貸方にも記入されるので，すべての勘定の借方の金額の合計額と，すべての勘定の貸方の金額の合計額は一致することになります。これを**貸借平均の原理**といいます。

# 6　証ひょうと伝票

## （1）　証ひょう

　企業は様々な取引をしますが，トラブルを回避するためには証拠が必要になります。納品書，請求書，契約書及び領収書といった取引の事実を証明する証拠資料を証ひょうといいます。証ひょうを使用して取引記録を帳簿に記入します。

## （2）　伝　　票

　仕訳帳に仕訳をする代わりに，サイズが小さく切り離すことができる，伝票を使うことがあります。伝票へ記入することを起票といいます。

　現金が入金される取引では，入金伝票を使用し，現金が出金される取引では出金伝票を使用し，そして，現金の出入金が伴わない取引では振替伝票を使用します。入金伝票，出金伝票，振替伝票の3種類の伝票に記入する方法を三伝票制といいます。

［例題4-4］　次に示す仕訳を伝票に起票しなさい。
① 4月1日 （借）現 金 100 （貸）売 上 100
② 4月2日 （借）仕 入 200 （貸）現 金 200
③ 4月3日 （借）売 掛 金 300 （貸）売 上 300

《**解答**》

①

| 入金伝票<br>X1年4月1日 ||
| :---: | :---: |
| 科　　目 | 金　　額 |
| 売　　上 | 100 |

①は現金が入金された取引なので，入金伝票に記入します。入金伝票に記載される取引の借方科目は「現金」と決まっていますので，科目欄に貸方の科目を記入し，金額欄に金額を記入します。

②

| 出金伝票<br>X1年4月2日 ||
| :---: | :---: |
| 科　　目 | 金　　額 |
| 仕　　入 | 200 |

②は現金が出金された取引なので，出金伝票に記入します。出金伝票に記載される取引の貸方科目は「現金」と決まっていますので，科目欄に借方の科目を記入し，金額欄に金額を記入します。

③

| 振替伝票<br>X1年4月3日 ||||
| :---: | :---: | :---: | :---: |
| 借方科目 | 金　　額 | 貸方科目 | 金　　額 |
| 売 掛 金 | 300 | 売　　上 | 300 |

③は現金の入出金がない取引なので，振替伝票に記入します。振替伝票は仕訳の形で借方及び貸方のどちらにも記入します。なぜならば，振替伝票は入金伝票や出金伝票に記入する取引とは異なり，借方または貸方の勘定科目が決まっていないからです。

**練習問題 4**

1　次の各文の（　　　　　）にあてはまる答えとして，最も適当な語句を選択肢の中から選びなさい。

①　次の選択肢の中で簿記上の取引に該当しないものは（　　　　　）である。

**選択肢**　商品の購入，従業員の雇用契約の締結，倉庫の焼失，銀行からの借り入れ

②　次の選択肢の中で簿記上の取引に該当しないものは（　　　　　）である。

**選択肢**　得意先との商談，買掛金の支払い，現金の盗難，利息の支払い

③　次の選択肢の中で簿記上の取引に該当しないものは（　　　　　）である。

**選択肢**　売掛金の回収，商品の盗難，給料の支払い，店舗の賃貸借契約の締結

④　次の選択肢の中で簿記上の取引に該当しないものは（　　　　　）である。

**選択肢**　商品売買契約の締結，商品の販売，従業員による現金の横領，給料の支払い

2　例示にならって，次の取引における取引要素の結合関係を示しなさい。

① 現金￥200,000を元入れして営業を始めた。

② 商品￥100,000を仕入れ，代金は掛けとした。

③ 備品￥20,000を購入し，代金は現金で支払った。

④ 商品￥65,000を売り上げ，代金は掛けとした。

⑤ 銀行から現金￥80,000を借り入れた。

⑥ 従業員への給料￥30,000を現金で支払った。

⑦ 商品を￥35,000で売り渡し，￥10,000は現金で受け取り，残額は掛けとした。

⑧ 銀行からの借入金の一部￥40,000を利息￥2,000とともに現金で返済した。

（例示）　商品￥50,000を仕入れ，代金は現金で支払った。

|  | 借方要素 | 貸方要素 |
|---|---|---|
| （例示） | 費用（仕入）の発生 | 資産（現金）の減少 |

3

（1）以下に掲げる①から④までの現金の増減を現金勘定に記入しなさい。

① 現金が￥40,000 増加した。

② 現金が￥20,000 減少した。

③ 現金が￥25,000 増加した。

④ 現金が￥10,000 減少した。

（2）以下に掲げる①から④までの借入金の増減を借入金勘定に記入しなさい。

① 借入金が￥50,000 増加した。

    ② 借入金が¥35,000 減少した。

    ③ 借入金が¥12,000 増加した。

    ④ 借入金が¥21,000 減少した。

**4**

（1） 練習問題4の2の①〜⑧の取引を仕訳しなさい。

（2） 練習問題4の2の①〜⑧の取引の仕訳結果を各勘定へ転記しなさい。

**5** 次の取引の仕訳を示し、各勘定口座に転記しなさい。

    ① 現金¥3,000,000を元入れして営業を始めた。

    ② 定期預金口座及び普通預金口座を開設し，それぞれの口座に現金を¥1,000,000ずつ預け入れた。

    ③ 商品7個（1個当たり原価¥50,000）を仕入れ，代金は¥100,000を現金で支払い，残額を掛けとした。

    ④ 上記の商品5個を1個当たり¥110,000で販売し，代金は¥220,000を現金で受け取り，残額を掛けとした。

    ⑤ 水道代¥20,000及び電気代¥35,000を現金で支払った。

    ⑥ 給料¥200,000及び旅費¥30,000を現金で支払った。

    ⑦ 定期預金口座を解約し，残高¥1,000,000及び利息¥1,500を現金として受け取った。

    ⑧ 仕入先への買掛金¥50,000を普通預金口座からの振込みによって支払った。振込手数料¥1,000は普通預金残高から引き落とされた。

6

（1）　次の①～⑤はそれぞれある取引について伝票を作成したものである。それぞれの取引を推定し，仕訳を示しなさい。

①

| 入金伝票<br>X1年4月4日 | |
| --- | --- |
| 科　　目 | 金　　額 |
| 借 入 金 | 40,000 |

②

| 出金伝票<br>X1年4月5日 | |
| --- | --- |
| 科　　目 | 金　　額 |
| 給　　料 | 50,000 |

③

| 入金伝票<br>X1年4月6日 | |
| --- | --- |
| 科　　目 | 金　　額 |
| 普通預金 | 36,000 |

④

| 出金伝票<br>X1年4月7日 | |
| --- | --- |
| 科　　目 | 金　　額 |
| 定期預金 | 50,000 |

⑤

| 振替伝票<br>X1年4月8日 | | | |
| --- | --- | --- | --- |
| 借方科目 | 金　　額 | 貸方科目 | 金　　額 |
| 仕　　入 | 30,000 | 買 掛 金 | 30,000 |

（2）　次の①及び②の取引から振替伝票を作成せよ。

①　X1年4月9日に商品¥30,000を売上げ，代金を掛けとした。

②　X1年4月10日に普通預金¥10,000を定期預金に預け入れた。

# 第II部
## 取引の処理

# 第5章

# 現金預金

## 1　現金と現金勘定

### （1）　現金勘定

　皆さんのお財布の中にある壱万円札や千円札などの紙幣や百円玉など
の硬貨のことを**通貨**といいます。現金と聞くとこの通貨を頭に思い浮か
べる人が多いと思いますが，簿記で**現金**という場合は，**現金勘定**で処理
されるすべてのものを含みます。たとえば，**他人振り出しの小切手**や**為
替証書**，それに**配当金領収書**などがそれにあたります。これらは，金融
機関に提示すればただちに通貨に換えられるもので**通貨代用証券**といい
ます。

---

**用語解説**

**通貨代用証券**：金融機関などで通貨に換金されるもので簿記では現金勘
　　定で処理される。

**他人振り出し小切手**：当座預金を引き出す際に用いられる証券で，受け
　　取った小切手を金融機関に提示すると換金される。

**為替証書**：送金するための手段の1つ。郵便局（ゆうちょ銀行）で取り
　　扱われる。普通為替証書と定額小為替証書がある。受け取った為替証書を
　　提示すると換金される。

┌─────────────────────────────────────────┐
│ 配当金領収書 ：所有している株式の発行会社から利益の分配として配当 │
│   金が支払われる場合に受け取るもの。これを金融機関に提示すると換金さ │
│   れる。 │
└─────────────────────────────────────────┘

## （2） 現金勘定の記帳

通貨と通貨代用証券の増加は**現金勘定**（資産）の借方に，減少は貸方
に記帳します。

［**例題 5 - 1**］
　① 受取手数料として，先方振り出しの小切手¥10,000を受け取った。
　② 売掛金¥120,000の回収として，普通為替証書を受け取った。

《**解答**》
　① （借）現　　　　金　　10,000　　（貸）受 取 手 数 料　　10,000
　② （借）現　　　　金　120,000　　（貸）売　　掛　　金　120,000

# 2　当座預金

## （1） 当座預金

当座預金とは，主にビジネス上の支払いに利用する無利息の預金で，
銀行との当座取引契約を結ぶことで利用できるようになります。当座預
金口座から引き出すには小切手を振り出します。

```
                    小  切  手              福岡  1962
  SW4130                                    0501-0002
  支 払 地    福岡県福岡市早良区××××
      学院銀行    西新支店
      金額        ¥150,000
  上記の金額をこの小切手と引き換えに
  持参人へお支払い下さい
        拒絶証書不要
                                    株式会社博多商事  ⦿
  提出日 X1年5月1日                              振行印
  提出地 福岡市        提出人      代表取締役 福岡 一郎
```

## （2）　当座預金勘定の記帳

　当座預金に入金があったときには，**当座預金勘定**（資産）の借方に記帳します。

　また，小切手を振り出した場合，その小切手を受け取った人はいずれ換金するので，そのときに当座預金から支払われることになります。したがって，小切手を振り出した場合には，当座預金が減少したとみなして，当座預金勘定の貸方に記帳します。

［例題5-2］
　①　当店は，取引銀行と当座取引契約を結び，現金¥5,000,000を当座預金口座に預け入れた。
　②　仕入先である島根商店に対する買掛金¥150,000を支払うため，小切手を振り出して渡した。

《解答》
　①　(借) 当 座 預 金 5,000,000　(貸) 現　　　　金 5,000,000
　②　(借) 買　掛　金 150,000　(貸) 当 座 預 金 150,000

# 3　その他の預金

　当座預金の他に，普通預金や定期預金があります。普通預金は，様々なビジネス上の決済を行う際にも用いられますし，また，定期預金は現金を運用したりする際に使われます。預金の口座別に簿記の記録を行う場合は，それぞれ，**普通預金勘定**（資産）と**定期預金勘定**（資産）を用いることがあります。

［例題 5 – 3］

　①　¥2,000,000を普通預金から定期預金に預け替えた。

《解答》

　①　（借）定 期 預 金 2,000,000　　（貸）普 通 預 金 2,000,000

**練習問題 5**

　次の各取引について仕訳しなさい。ただし，勘定科目は目次（CONTENTS）7ページの勘定科目一覧表から選ぶこと。

①　青森商店は，秋田商店に対する売掛金¥220,000を，同店振り出しの小切手を受け取って回収した。

②　青森商店は，受取手数料として郵便為替証書¥50,000を受け取った。

③　山形商店は取引銀行と当座取引契約を結び，現金¥500,000を預け入れた。

④　山形商店は，広島商店に対する買掛金¥100,000を支払うため小切手を振り出して支払った。

⑤　福島商店は，備品￥280,000を購入し，代金のうち￥200,000は昨日受け取っていた得意先宮城商店振り出しの小切手を渡し，残りは小切手を振り出して支払った。

## 第6章

# 商品売買

## 1　仕入と売上の記帳

　企業は商品を仕入れてそれを販売する営業活動を営むことが基本となります。ここでは，商品売買の記帳について学んでいきます。

### （1）　3 分 法

　商品を仕入れたときには**仕入勘定**（費用）に，売り上げたときには**売上勘定**（収益）に記帳する方法を3分法といいます。なお，決算のときに，仕入れた商品のうちまだ販売されていないもの（棚卸商品）があった場合には，仕入勘定から**繰越商品勘定**（資産）に振り替える処理をします。

［**例題6-1**］　次の取引を仕訳し，勘定に転記しなさい。なお記帳方法は3分法による。

① 　商品¥50,000を仕入れ，代金は現金で支払った。

② 　上記①の商品のうち，原価¥20,000分を¥35,000で販売し，代金は現金で受け取った。

③ 　決算日にあたり，売れ残り商品¥30,000を仕入勘定から繰越商品勘定へ振り替えた。

《解答》

| | | | | | | | | |
|---|---|---|---|---|---|---|---|---|
| ① | （借）仕 | 入 | 50,000 | （貸）現 | 金 | 50,000 |
| ② | （借）現 | 金 | 35,000 | （貸）売 | 上 | 35,000 |
| ③ | （借）繰 越 商 品 | 30,000 | （貸）仕 | 入 | 30,000 |

```
            仕        入                          売        上
①      50,000  ③      30,000                            ②      35,000
```

```
              繰 越 商 品
         ③      30,000
```

**用語解説**

仕入勘定 ：仕入れた商品を購入価格（原価）で記帳する勘定。

売上勘定 ：売り上げた商品を販売価格（売価）で記帳する勘定。

繰越商品勘定 ：決算日に，売れ残っている商品を仕入勘定から振り替えて記帳する勘定。

## 2　商品売買取引の決済

### （1）　売掛金と買掛金

　企業と企業のあいだで，商品売買取引が行われるごとに現金で代金の決済が行われることはあまりありません。商品を仕入れた場合，その代金は後日に支払われることが一般的で，また反対に，商品を売り上げた場合の代金の受け取りも同様です。これを**掛取引**といいます。このような代金決済が行われる背景には，取引を行う当事者同士の信用の存在があります。

　掛取引で商品を販売し，後日，その代金を受け取る権利が生じた場合は，**売掛金勘定**（資産）に，商品を掛けで仕入れ，後日，その代金を支払う義務が生じた場合は，**買掛金勘定**（負債）に，記帳します。

［**例題 6 - 2**］　次の取引を仕訳しなさい。
　　①　商品を¥100,000で仕入れ，代金は掛けとした。
　　②　商品を¥50,000で売り上げ，代金は掛けとした。
　　③　上記①の債務を現金で返済した。
　　④　上記②の債権を現金で回収した。

《**解答**》

| | | | | | | | | | | |
|---|---|---|---|---|---|---|---|---|---|---|
| ① | （借） | 仕 | | 入 | 100,000 | （貸） | 買 | 掛 | 金 | 100,000 |
| ② | （借） | 売 | 掛 | 金 | 50,000 | （貸） | 売 | | 上 | 50,000 |
| ③ | （借） | 買 | 掛 | 金 | 100,000 | （貸） | 現 | | 金 | 100,000 |
| ④ | （借） | 現 | | 金 | 50,000 | （貸） | 売 | 掛 | 金 | 50,000 |

## （2）　クレジット取引

　商品を販売した際に，購入者がクレジット・カードで代金の支払いを行った場合，販売者はクレジット・カード会社から後日代金を受け取る権利が生じます。そこで，**クレジット売掛金勘定**（資産）に記帳します。また，クレジット・カード会社に決済手数料を支払う場合には，**支払手数料勘定**（費用）で処理します。

［**例題6−3**］　次の取引を仕訳しなさい。

① 　クレジット払いの条件で，商品¥100,000を販売した。なお，クレジット・カード会社への手数料¥2,000は販売時に計上する。

② 　上記①の代金が当座預金口座に入金された。

《**解答**》

| | | | | | | | |
|---|---|---|---|---|---|---|---|
| ① | （借） | クレジット売掛金 | 98,000 | （貸） | 売　　　　　上 | 100,000 | |
| | | 支　払　手　数　料 | 2,000 | | | | |
| ② | （借） | 当　座　預　金 | 98,000 | （貸） | クレジット売掛金 | 98,000 | |

# 3　仕入諸掛と発送費

　商品を仕入れる際に，引取運賃や保険料など追加的な支出が生じることがあります。このような支出のことを**仕入諸掛**（しいれしょがかり）といいます。仕入諸掛を支払わなければ商品を購入することができません。したがって，仕入諸掛は商品の仕入原価に含めて処理しなければなりません。

　また，商品を販売したときに，販売者である当方が負担すべき運賃などを支払った場合は，**発送費勘定**（費用）で処理します。

［例題6-4］　次の取引を仕訳しなさい。

①　商品¥100,000を仕入れ，代金は掛けとした。なお，引取運賃¥2,000は現金で支払った。

②　商品¥150,000を販売し，代金は先方振り出しの小切手で受け取った。なお，当方負担の運賃¥3,000は現金で支払った。

《解答》

| | | | | | | | | |
|---|---|---|---|---|---|---|---|---|
| ① | （借）仕 | 入 | 102,000 | （貸）買 | 掛 | 金 | 100,000 |
| | | | | 現 | | 金 | 2,000 |
| ② | （借）現 | 金 | 150,000 | （貸）売 | | 上 | 150,000 |
| | 発 送 費 | | 3,000 | 現 | | 金 | 3,000 |

# 4　返品の処理

## （1）　仕入戻しと売上戻り

　仕入れた商品に，品違いなど問題があって，返品することがあります。これを**仕入戻し**といいます。また，販売した商品が何らかの理由によって返されてくることもあります。これを**売上戻り**といいます。

## （2）　返品の処理

　仕入戻しまたは売上戻りが生じた場合は，仕入取引または売上取引をその分だけ取り消します。つまり，仕入勘定または売上勘定から減額します。また，商品売買の代金の決済は，通常，掛けで行われていますので，これら返品が生じた場合は，掛け代金を減額することで処理します。

［**例題6-5**］　次の取引を仕訳しなさい。

①　商品￥200,000を仕入れ，代金は掛けとした。

②　上記①の商品のうち￥100,000分が品違いだったので返品した。

③　商品￥100,000を販売して代金は掛けとした。

④　上記③の商品すべてが品違いのため返品されてきた。

《解答》

| | | | | | | | | | |
|---|---|---|---|---|---|---|---|---|---|
| ① | （借） | 仕 | | 入 | 200,000 | （貸） | 買　掛　金 | | 200,000 |
| ② | （借） | 買　掛　金 | | | 100,000 | （貸） | 仕 | | 入 | 100,000 |
| ③ | （借） | 売　掛　金 | | | 100,000 | （貸） | 売 | | 上 | 100,000 |
| ④ | （借） | 売 | | 上 | 100,000 | （貸） | 売　掛　金 | | 100,000 |

**練習問題　6**

次の各取引について仕訳しなさい。ただし，勘定科目は目次（CONTENTS）7ページの勘定科目表から選ぶこと。

①　商品￥250,000を仕入れ，代金は小切手を振り出して支払った。

②　商品￥100,000を仕入れ，代金のうち，￥10,000は現金で支払い，残額は掛けとした。

③　商品￥30,000を売り上げ，代金は小切手で受け取った。

④　商品￥75,000を売り上げ，代金は掛けとした。

⑤　商品￥300,000をクレジット払いの条件で販売した。なお，クレジット・カード会社への手数料￥6,000は販売時に計上する。

⑥　上記⑤の代金が当座預金口座に振り込まれた。

⑦　商品￥80,000を仕入れ，代金は掛けとした。なお，引取運賃￥5,000は現金で支払った。

⑧　商品￥65,000を売り上げ，代金は掛けとした。なお，当方負担の発送

費￥1,200は現金で支払った。

⑨　掛けで仕入れていた商品のうち，￥20,000分を品違いのため返品した。

⑩　掛けで売り上げていた商品のうち，￥55,000分が返品されてきた。

# 第7章

# 手　形

## 1　約束手形

　商品売買の代金を後日に受け取る（または支払う）ことにする取引を掛取引といいました。掛取引と同様に，商品売買取引の代金の決済を後日に行うのに，**約束手形**を用いることがあります。

　約束手形とは，いつ，だれに，いくらを，どこで支払うといったことを書いた証券のことです。証券とは財産法上の権利・義務を記載したものです。

　約束手形を振り出した人を**振出人**（支払人）といい，約束手形の代金を受け取る人を**名宛人**（受取人）といいます。

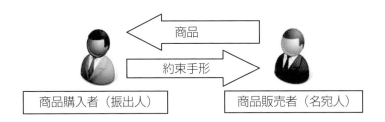

　振出人は，約束手形を振り出した際，支払期日までに手形に記載されている代金を支払わなければならないという義務が生じるため，**支払手形勘定**（負債）の貸方に記帳します。

　名宛人は，約束手形を受け取った際，支払期日までに手形に記載され
ている代金を受け取れる権利が生じるため，**受取手形勘定**（資産）の借
方に記帳します。

[**例題7-1**]　次の取引を福岡商店・埼玉商店双方の立場から仕訳しなさい。

①　埼玉商店は福岡商店から商品¥150,000を仕入れ，代金として約束手形
　　を振り出して支払った。

②　埼玉商店から受け取った上記①の約束手形が期日となり，本日，埼玉
　　商店の当座預金口座から福岡商店の当座預金口座に入金があった旨，取
　　引銀行から通知を受けた。

《解答》

①<埼玉商店>（借）仕　　　　　入 150,000　（貸）支 払 手 形 150,000
　<福岡商店>（借）受 取 手 形 150,000　（貸）売　　　　　上 150,000
②<埼玉商店>（借）支 払 手 形 150,000　（貸）当 座 預 金 150,000
　<福岡商店>（借）当 座 預 金 150,000　（貸）受 取 手 形 150,000

## 2　電子記録債権と電子記録債務

　約束手形を使用すると，紛失等のリスクが発生し，事務処理が増え，印紙代がかかります。近年，これらの問題点がある約束手形（や売掛金・買掛金）の代わりに，債権・債務を電子化して記録することが普及しています。この電子化された債権・債務を簿記では**電子記録債権勘定**（資産）・**電子記録債務勘定**（負債）に記帳します。電子記録債権（債務）の場合，受取手形という科目の代わりに電子記録債権を用い，支払手形という科目の代わりに電子記録債務を用いると考えるとスムーズに理解できます。

　電子記録債権を用いた取引の流れを以下の図で説明します。①債権者であるC社がD社に対する債権の発生記録の請求を取引銀行のA銀行を通じて行います。C社は発生記録が行われた債権を電子記録債権勘定を用いて処理します。②次に，D社の取引銀行のB銀行が債務の発生記録をD社に通知します。③D社は通知を受け，これを承諾します。D社は発生記録が行われた債務を電子記録債務勘定を用いて処理します。④支払期日が到来すると，銀行口座間で決済が行われますので，C社とD社は電子記録債権と電子記録債務の決済の処理を行います。

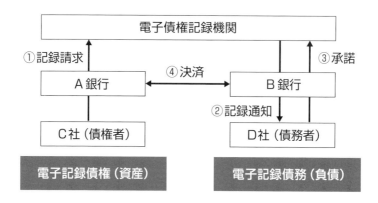

［**例題7-2**］ 次の取引を京都商店・広島商店双方の立場から仕訳を示しなさい。

① 広島商店は，取引銀行を通じて，京都商店に対する売掛金 ¥1,000について，電子債権記録機関に対して電子記録債権の発生記録の請求を行った。京都商店は，電子債権記録機関から，電子記録債務の発生記録の通知を受け，これを承諾した。

＜京都商店＞ （借）買 掛 金 1,000 （貸）電子記録債務 1,000
＜広島商店＞ （借）電子記録債権 1,000 （貸）売 掛 金 1,000

② 電子記録債権の支払期日が到来し，広島商店の普通預金口座と京都商店の当座預金口座の間で決済が行われた。

＜京都商店＞ （借）電子記録債務 1,000 （貸）当 座 預 金 1,000
＜広島商店＞ （借）普 通 預 金 1,000 （貸）電子記録債権 1,000

**練習問題 7**

次の一連の取引について，北海道商店と宮城商店双方の立場から仕訳しなさい。ただし，勘定科目は目次（CONTENTS）7ページの勘定科目一覧表から選ぶこと。

① 北海道商店は商品¥7,000を宮城商店から仕入れ，代金は約束手形を振り出して支払った。

② 北海道商店から受け取った①の約束手形が期日となり，本日北海道商店の当座預金口座から宮城商店の当座預金口座に入金があった旨，取引銀行から通知を受けた。

③ 北海道商店は商品¥8,000を宮城商店から仕入れ，代金のうち¥4,000は約束手形を振り出して支払い，残額は掛けとした。なお，商品受け取り時において運送業者に対し送料として現金¥1,000（北海道商店負担）を支払った。

④ 北海道商店から受け取った③の約束手形が期日となり，本日北海道商店の当座預金口座から宮城商店の当座預金口座に入金があった旨，取引銀行から通知を受けた。

⑤ 宮城商店は，取引銀行を通じて，北海道商店に対する売掛金¥6,000について，電子債権記録機関に対して電子記録債権の発生記録の請求を行った。北海道商店は，電子債権記録機関から，電子記録債務の発生記録の通知を受け，これを承諾した。

⑥ ⑤の電子記録債権の支払期日が到来し，北海道商店の当座預金口座と宮城商店の普通預金口座の間で決済が行われた。

⑦ 北海道商店は，宮城商店に対する買掛金¥200,000の支払いを電子債権記録機関で行うため，取引銀行を通して債務の発生記録を行った。また，宮城商店は取引銀行よりその通知を受けた。

⑧ ⑦において電子債権記録機関に発生記録した債務￥200,000の支払期日
が到来したので，北海道商店の当座預金口座と宮城商店の当座預金口座
の間で決済が行われた。

# 第**8**章

## その他の債権債務

## 1　貸付金と借入金

　誰かに金銭を貸し付けた場合，その金銭を返してもらう権利が生じます。この債権は**貸付金勘定**（資産）で処理します。反対に，営業のために用いる資金などを銀行などから借り入れた場合，その金銭を返済する義務が生じます。この債務は**借入金勘定**（負債）で処理します。

　金銭の貸し借りを行った場合は利息が発生することがあります。債権である貸付金に対して利息が生じたときは**受取利息勘定**（収益）で，債務である借入金に対して利息が生じたときには**支払利息勘定**（費用）で，それぞれ処理します。

[**例題8‐1**]　次の取引を仕訳しなさい。
① 　取引先に現金￥300,000を貸し付けた。
② 　銀行から現金￥1,000,000を借り入れ，当座預金に入金した。
③ 　上記①の債権とその利息￥2,000をともに現金で返済を受けた。
④ 　上記②の債務の利息￥10,000を現金で支払った。
⑤ 　上記②の債務とその利息￥2,000を現金で返済した。

《解答》
① 　（借）貸　　付　　金　300,000　　（貸）現　　　　　金　300,000

| | | | | | | | | | |
|---|---|---|---|---|---|---|---|---|---|
| ② | （借） | 当 座 預 金 | 1,000,000 | （貸） | 借　　入　　金 | | | | 1,000,000 |
| ③ | （借） | 現　　　　金 | 302,000 | （貸） | 貸　　付　　金 | | | | 300,000 |
| | | | | | 受　取　利　息 | | | | 2,000 |
| ④ | （借） | 支　払　利　息 | 10,000 | （貸） | 現　　　　金 | | | | 10,000 |
| ⑤ | （借） | 支　払　利　息 | 2,000 | （貸） | 現　　　　金 | | | | 1,002,000 |
| | | 借　入　金 | 1,000,000 | | | | | | |

# 2　未収入金と未払金

　商品とは，企業にとって最も重要な営業手段のことをいいます。自動車販売業を営む企業にとって，自動車は商品となりますが，たとえば，データ管理用のパソコンなどの備品などは商品ではありません。

　これら商品以外のものを購入したり売却したりした場合，仕入勘定や売上勘定では処理しません。また，これらを売買した際に，その代金を後日受け取ったりあるいは支払ったりした場合も，売掛金や買掛金勘定では処理せずに，**未収入金勘定**（資産）と**未払金勘定**（負債）を用います。企業にとって重要な取引である商品売買とそれ以外の取引を区別するためです。

[**例題 8 - 2**]　次の取引を仕訳しなさい。
　①　不用になった土地￥3,500,000（帳簿価額）を￥3,500,000で売却し，代金は月末に受け取ることとした。なお，この取引で売却損益は生じない。
　②　上記①で生じた債権を小切手で回収し，ただちに当座預金に預け入れた。
　③　営業用に車両運搬具を￥1,750,000で購入し，代金のうち，￥250,000は

現金で支払い，残額は月末に支払うこととした。

④　上記③で生じた債務を，小切手を振り出して支払った。

《解答》

① （借）未 収 入 金 3,500,000　（貸）土　　　　地 3,500,000
② （借）当 座 預 金 3,500,000　（貸）未 収 入 金 3,500,000
③ （借）車 両 運 搬 具 1,750,000　（貸）現　　　　金 250,000
　　　　　　　　　　　　　　　　　　　 未 　 払 　 金 1,500,000
④ （借）未 　 払 　 金 1,500,000　（貸）当 座 預 金 1,500,000

# 3　前払金と前受金

　商品売買の契約を確実に行うために，商品を受け渡しするのに先だって，代金の一部（または全部）を手付金（内金）として支払ったりあるいは受け取ったりすることがあります。

　商品を注文したときに代金の一部（または全部）を支払った場合には，**前払金勘定**（資産）で処理します。これは，商品を受け取る権利を意味する債権です。また，反対に，商品を売り渡す注文を受けた際に代金の一部（または全部）を受け取った場合には，**前受金勘定**（負債）で処理します。これは，商品を引き渡す義務を意味する債務となります。

[**例題8－3**]　次の取引を仕訳しなさい。

①　商品¥100,000の仕入契約を結び，手付金として¥20,000を現金で支払った。

②　上記①の商品を受け取り，代金は注文時に支払った手付金を差し引いて，残額を掛けとした。

③　商品￥400,000の販売契約を結び，手付金として￥20,000を現金で受け取った。

④　上記③の商品を引き渡し，代金は受注時に受け取った手付金を差し引いて，残額を掛けとした。

《解答》

| ① | （借） | 前　払　金 | 20,000 | （貸） | 現　　　金 | 20,000 |
|---|---|---|---|---|---|---|
| ② | （借） | 仕　入 | 100,000 | （貸） | 前　払　金 | 20,000 |
|  |  |  |  |  | 買　掛　金 | 80,000 |
| ③ | （借） | 現　　　金 | 20,000 | （貸） | 前　受　金 | 20,000 |
| ④ | （借） | 前　受　金 | 20,000 | （貸） | 売　　上 | 400,000 |
|  |  | 売　掛　金 | 380,000 |  |  |  |

# 4　立替金と預り金

## （1）立　替　金

取引先が負担すべき費用を立て替えて支払ったり，従業員が支払うべき支出を立て替えて支払ったりした場合には，**立替金勘定**（資産）で処理します。これは，あとから返済してもらう権利を意味する債権です。

［**例題8-4**］　次の取引を仕訳しなさい。

①　商品￥100,000を掛けで仕入れた。なお，先方が負担すべき運送費￥5,000は現金で支払った。

②　従業員に，給料の前貸しとして￥35,000を現金で支給した。

③　給料日に給料￥250,000を支給するに際して，前貸ししていた￥35,000

を差し引いて，現金で支給した。

《解答》

|   | | | | | | | | |
|---|---|---|---|---|---|---|---|---|
| ① | （借） | 仕 | 入 | 100,000 | （貸） | 買　掛　金 | 100,000 |
|   |   | 立　替　金 | | 5,000 |   | 現　　　金 | 5,000 |
| ② | （借） | 立　替　金 | | 35,000 | （貸） | 現　　　金 | 35,000 |
| ③ | （借） | 給 | 料 | 250,000 | （貸） | 立　替　金 | 35,000 |
|   |   | | | |   | 現　　　金 | 215,000 |

## （2）　預　り　金

　企業は，従業員に給料を支払う場合，従業員が納付すべき所得税など
を給料の総額から差し引いて支給します。これを源泉徴収といいます。
差し引いた従業員が負担する所得税などは，企業が一時的に預かってい
るものですので，**預り金勘定**（負債）で処理します。これは後日，従業
員に代わって税務署に納めなければならない債務です。

［例題8-5］　次の取引を仕訳しなさい。
　①　給料¥500,000の支払いに際し，源泉所得税¥50,000を差し引いた金額
　　を現金で支給した。
　②　上記①の源泉徴収額を現金で納付した。

《解答》

|   | | | | | | | |
|---|---|---|---|---|---|---|---|
| ① | （借） | 給　　料 | 500,000 | （貸） | 預　り　金 | 50,000 |
|   |   | | |   | 現　　　金 | 450,000 |
| ② | （借） | 預　り　金 | 50,000 | （貸） | 現　　　金 | 50,000 |

# 5　仮払金と仮受金

## （1）　仮 払 金

　従業員が出張に行く際，概算で旅費を前渡しすることがあります。ですが，この場合，実際に交通費や宿泊費がいくら使われたかは，従業員が出張から帰ってからでないと判明しません。したがって，概算払いしたときに，ただちに，旅費交通費という費用勘定には計上できないので，**仮払金勘定**（資産）で一時的に処理しておきます。

　その後，実際にかかった費用の金額が判明したとき，適切な勘定に振り替えて，仮払金勘定を消去します。

［**例題8-6**］　次の取引を仕訳しなさい。
　①　従業員の出張にあたり，旅費の概算額として¥100,000を現金で渡した。
　②　従業員が出張から戻り，旅費の精算を行い，現金¥7,000の返金を受けた。

《**解答**》
| | | | | | | |
|---|---|---|---|---|---|---|
| ① | （借）仮　払　金 | 100,000 | （貸）現　　　　金 | 100,000 |
| ② | （借）現　　　　金 | 7,000 | （貸）仮　払　金 | 100,000 |
| | 旅 費 交 通 費 | 93,000 | | |

## （2）　仮 受 金

　現金の受け取りや預金への振り込みで，金額は判明しているけれども，これら現預金の増加の原因がわからない場合は，**仮受金勘定**（負債）で一時的に処理しておきます。

その後，これら入金の原因が判明したときに，適切な勘定に振り替えて，仮受金勘定を消去します。

［**例題 8 − 7**］　次の取引を仕訳しなさい。
① 当座預金口座に¥50,000の振り込みがあったが，その内容が不明であった。
② 上記①の当座預金への入金は，売掛金の回収額だったことが判明した。

《解答》
① （借）当 座 預 金　50,000　（貸）仮　　受　　金　50,000
② （借）仮　　受　　金　50,000　（貸）売　　掛　　金　50,000

**用語解説**

**未収入金勘定**：商品以外のものを売却し，その代金を後日受け取る権利（債権）の勘定。

**未払金勘定**：商品以外のものを購入し，その代金を後日支払う義務（債務）の勘定。

**前払金勘定**：商品の仕入契約の際，代金の一部を手付金として支払った場合に記帳する勘定。

**前受金勘定**：商品の販売契約の際，代金の一部を手付金として受け取った場合に記帳する勘定。

**立替金勘定**：第三者が負担すべき支出を一時的に立て替えたときに記帳する勘定。

**預り金勘定**：第三者が負担すべき金銭を一時的に預かったときに記帳する勘定。

**仮払金勘定**：金額が不確定な支出を行ったときに一時的に記帳する勘定。

**仮受金勘定**：内容が不明確な金銭の受領があったときに一時的に記帳する勘定。

## 練習問題 8

次の各取引について仕訳しなさい。ただし,勘定科目は目次（CONTENTS）7ページの勘定科目一覧表から選ぶこと。

① 取引先に現金¥250,000を貸し付けた。

② 上記①の債権を利息¥5,000とともに現金で回収した。

③ 銀行から¥400,000を借り入れ,当座預金に預け入れた。

④ 上記③の債務を利息¥12,000とともに現金で返済した。

⑤ 土地¥1,500,000を購入し,代金は月末に支払うこととした。

⑥ 不用になった備品¥80,000（帳簿価額）を¥80,000で売却し,代金は翌月の10日に受け取ることとした。

⑦ 上記⑥の債権を小切手で回収しただちに当座預金に預け入れた。

⑧ 商品¥100,000の仕入契約を結び,手付金として¥5,000を現金で支払った。

⑨ 商品¥320,000を売り上げ,代金のうち,¥20,000は注文時に受け取った手付金と相殺し,残額は月末に受け取ることとした。

⑩ 従業員の出張にともない,旅費の概算額¥30,000を現金で渡した。

⑪ 上記⑩の従業員が出張から戻り,不足額¥5,000を現金で支払った。

⑫ 当座預金口座に¥17,000の入金があったが,その内容は不明である。

⑬ 上記⑫の入金は,商品販売の手付金であったことが判明した。

## 第9章

# 固定資産

## 1　固定資産の取得

### （1）　有形固定資産

　固定資産とは，1年以上の長期間にわたって企業が保有する資産のことです。なかでも，建物，備品，車両運搬具，土地など具体的なかたちのある固定資産を有形固定資産といい，それぞれ，建物勘定，備品勘定などで記帳します。

[有形固定資産の勘定とその内容]

| 建　物　勘　定 | 店舗，事務所，倉庫など |
|---|---|
| 備　品　勘　定 | パソコン，コピー機，レジ，机，いす，陳列棚など |
| 車両運搬具勘定 | 営業車，配送用トラックなど |
| 土　地　勘　定 | 店舗や倉庫用の土地，駐車場など |

### （2）　有形固定資産の取得原価

　有形固定資産を勘定に計上する際に注意しなければならないことは，取得原価です。取得原価には，有形固定資産を，営業活動に利用できる

までにかかったすべての支出が含まれます。土地や建物を購入する際には不動産業者に支払う仲介手数料や不動産登記簿に記載するための登記料を支払わなければなりませんし，備品や車両運搬具を購入する際には運送料などを支払わなければならないこともあります。このような，追加的な支出のことを**付随費用**といいます。

したがって，有形固定資産の取得原価は，次のようになります。

> 有形固定資産の取得原価＝購入代価＋付随費用

［**例題9-1**］　次の取引を仕訳しなさい。

①　営業用の土地を¥5,000,000で購入し，不動産業者への仲介手数料¥100,000と登記料¥200,000を，ともに小切手を振り出して支払った。

②　商品の陳列棚を¥1,250,000で購入し，代金は翌月に支払うこととした。なお，引取運賃¥20,000は現金で支払った。

《解答》

| ① | （借）土 | 地 | 5,300,000 | （貸）当 座 預 金 | 5,300,000 |
|---|---|---|---|---|---|
| ② | （借）備 | 品 | 1,270,000 | （貸）未　払　金 | 1,250,000 |
| | | | | 現　　　　金 | 20,000 |

# 2　有形固定資産の売却

有形固定資産を売却することがあります。このときに，売却した金額とその固定資産の帳簿価額に差額が生じると，利益または損失が発生します。帳簿価額よりも売却金額のほうが大きい場合には，**固定資産売却益勘定**（収益）が計上され，反対の場合には，**固定資産売却損勘定**（費

用）が計上されます。

［例題9-2］　次の取引を仕訳しなさい。

①　不用になった土地（帳簿価額￥3,000,000）を￥3,300,000で売却し，代金は月末に受け取ることとした。

②　不用になった土地（帳簿価額￥5,250,000）を￥4,750,000で売却し，代金は小切手で受け取りただちに当座預金に預け入れた。

《解答》

①　（借）未 収 入 金 3,300,000　（貸）土　　　　　地 3,000,000
　　　　　　　　　　　　　　　　　　　固定資産売却益 300,000

②　（借）当 座 預 金 4,750,000　（貸）土　　　　　地 5,250,000
　　　　固定資産売却損 500,000

# 3　減価償却

## （1）　減価償却とは

固定資産は，保有されている期間にわたって営業活動に利用され，売上（収益）を獲得するのに貢献します。また，固定資産の多くは，利用に応じて経済的価値が減少します。

このような収益獲得への貢献と経済的価値の減少分を，獲得された収益に対応させて費用として計上する手続きを**減価償却**といい，**減価償却費勘定**（費用）に計上します。

減価償却費は，通常，決算日において1年間分を計上することが多いですが，ここでは毎月計上する方法についてみていきましょう。

## （2） 減価償却費の記帳方法

　減価償却費の記帳方法には，**直接法**と**間接法**の2つがあります。

　直接法とは，減価償却費の金額を，その固定資産勘定（資産）から直接減額する方法です。

［**例題9-3**］　次の取引を仕訳し，関連する勘定に転記しなさい。

　1月31日　倉庫の減価償却費の1月分の見積額¥25,000を直接法により計上した。なお，倉庫は1月1日に¥10,000,000で取得したものである。

《解答》

　1月31日　（借）減 価 償 却 費　25,000　　（貸）建　　　　　物　25,000


| 減価償却費 | | 建　　物 | |
|---|---|---|---|
| 1/31　25,000 | | 1/1　10,000,000 | 1/31　　25,000 |


　これに対して，間接法とは，固定資産勘定（資産）を直接減額するのではなく，**減価償却累計額勘定**（資産のマイナス）を別に開設して，そこに減価償却した金額を累積して計上していく方法です。

［**例題9－4**］　次の取引を仕訳しなさい。

　1月31日　倉庫の減価償却費の1月分の見積額￥75,000を間接法により計
　　　　　上した。なお，倉庫は1月1日に￥35,000,000で取得したものであ
　　　　　る。

　2月28日　倉庫の減価償却費の2月分の見積額￥75,000を間接法により計
　　　　　上した。

《**解答**》

　1月31日　（借）減 価 償 却 費　75,000　（貸）減価償却累計額　75,000

　2月28日　（借）減 価 償 却 費　75,000　（貸）減価償却累計額　75,000

減価償却費

| 1/31 | 75,000 | |
| 2/28 | 75,000 | |

建　　物

| 1/1 | 35,000,000 | |

減価償却累計額

| | 1/31 | 75,000 |
| | 2/28 | 75,000 |

## 練習問題 9

　次の各取引について仕訳しなさい。ただし，勘定科目は目次 (CONTENTS)
7ページの勘定科目一覧表から選ぶこと。

① 　支店のビル建設用の土地を¥25,000,000で購入し，代金は小切手を振り
　　出して支払った。

② 　建物を¥150,000,000で購入し，代金は月末に支払うこととした，な
　　お，この建物の登記料¥1,500,000は現金で支払った。

③ 　不用となった土地（帳簿価額¥6,000,000）を¥7,800,000で売却し，代
　　金は小切手で受け取った。

④ 　倉庫の今月分の減価償却費の見積額¥60,000を直接法により計上した。

⑤ 　本店ビルの今月分の減価償却費の見積額¥320,000を間接法により計上
　　した。

# 第10章

# 純資産（資本）

## 1 資本金

　個人企業の場合，事業を始めるにあたって，店主（企業主）が自分の財産を企業に提供します。このことを**資本の元入れ**といいます。これを企業の立場から見ると，企業には資産が増加すると同時に，純資産（資本）が増加することになります。純資産（資本）の増加は，**資本金勘定**（純資産（資本））の増加として記帳されます。

　また，事業の拡張などのために，店主がさらに自分の財産によって追加的な資本の提供をすることがあります。このことを**増資**または**追加元入れ**といいます。増資の場合も，資本金の増加として記帳します。

［**例題10-1**］　次の取引を仕訳しなさい。
　① 　開業にあたり，現金￥1,000,000が元入れされた。
　② 　事業拡張のため，現金￥200,000と備品￥500,000が追加元入れされた。

《**解答**》

| | | | | | | | | | |
|---|---|---|---|---|---|---|---|---|---|
| ① | （借） | 現 | 金 | 1,000,000 | （貸） | 資 | 本 | 金 | 1,000,000 |
| ② | （借） | 現 | 金 | 200,000 | （貸） | 資 | 本 | 金 | 700,000 |
| | | 備 | 品 | 500,000 | | | | | |

## 2　資本の引き出し

### （1）引出金

　個人企業においては，店主が，企業が保有する現金や商品を，私的な目的のために使用することがあります。このことを**資本の引き出し**といいます。個人企業は，もともと，店主の私的な財産が投じられてつくられたものですが，「企業」の財産がどのように変動したかを明確に簿記の記録に残すことは重要です。

　たとえば，店主の自宅で使用した水道光熱費を店の現金で支払った場合，それは企業の費用である水道光熱費としてではなく，資本の引き出しとして処理をしなければなりません。

　資本の引き出しが行われた場合は，**資本金勘定**（純資産（資本））の減少として記帳します。

［**例題10-2**］　次の取引を仕訳しなさい。
　①　店主が個人的に私用する目的で店の現金￥10,000を引き出した。
　②　店主が自宅の水道光熱費￥25,000を店の現金で支払った。

《**解答**》
① （借）資　　本　　金　10,000　（貸）現　　　　　金　10,000
② （借）資　　本　　金　25,000　（貸）現　　　　　金　25,000

## （2）　店主の所得税の支払い

　個人企業の場合，所得税などは企業主（事業主）である店主個人が負担することになります。したがって，店主が自分の所得税を店の現金で支払った場合も，資本の引き出しとなることに注意しなければなりません。

［例題10-3］　次の取引を仕訳しなさい。
　店主個人の所得税￥120,000を店の現金で納付した。

《解答》
　①　（借）資　　本　　金　　120,000　　（貸）現　　　　　金　　120,000

### 練習問題 10

　次の各取引について仕訳しなさい。ただし，勘定科目は目次（CONTENTS）7ページの勘定科目一覧表から選ぶこと。
　①　現金￥1,000,000，備品￥300,000を元入れし，事業を開始した。
　②　事業拡張のため，現金￥500,000を追加元入れした。
　③　店主が，私用目的で，店の現金￥15,000を引き出した。
　④　店主が，自宅の電気代￥35,000を店の現金から支払った。
　⑤　上記③及び④の店主の資本の引き出し分が現金で返済された。

# 第11章

# 収益と費用

## 1 収益の諸勘定

　収益には，商品を販売した際に用いる**売上**や有形固定資産を売却した際に生じる**固定資産売却益**を含め，次のようなものがあります。これら収益は，発生したら貸方に記帳します。

| 勘定科目 | 内　　容 |
|---|---|
| 売　　　　上 | 商品を販売して得た金額 |
| 受　取　家　賃 | 他人に建物や店舗を賃貸して受け取った金額 |
| 受　取　地　代 | 他人に土地を賃貸して受け取った金額 |
| 受　取　手　数　料 | 商品売買の仲介やサービス（役務）を提供して受け取った金額 |
| 受　取　利　息 | 銀行預金や貸付金などから受け取った利息 |
| 固定資産売却益 | 土地や建物を売却することで生じた利益 |

[**例題11-1**]　次の取引を仕訳しなさい。

①　家賃￥70,000を現金で受け取った。

②　取引先の商品売買の仲介を行い，その手数料として小切手￥50,000を受け取った。

③　貸付金の利息￥2,000を現金で受け取った。

《**解答**》

| ① | （借） | 現 | 金 | 70,000 | （貸） | 受 取 家 賃 | 70,000 |
| ② | （借） | 現 | 金 | 50,000 | （貸） | 受 取 手 数 料 | 50,000 |
| ③ | （借） | 現 | 金 | 2,000 | （貸） | 受 取 利 息 | 2,000 |

# 2　費用の諸勘定

　費用には，商品を仕入れた際に用いる**仕入**や有形固定資産を売却した際に生じる**固定資産売却損**を含め，次のようなものがあります。これら費用は，発生したら借方に記帳します。

| 勘定科目 | 内　　容 |
|---|---|
| 仕　　　　　入 | 販売するために購入した商品の仕入れに要した金額 |
| 発　送　費 | 商品を発送するときにかかる金額 |
| 給　　　料 | 従業員などの労働に対して支払った金額 |
| 広 告 宣 伝 費 | テレビCMや新聞などの広告にかかった金額 |
| 支 払 手 数 料 | 商品売買の仲介やサービス（役務）を受けた金額 |
| 支 払 利 息 | 借入金に対して支払った利息 |
| 旅 費 交 通 費 | 電車やバス，タクシー，飛行機の料金など従業員の移動や出張に要した金額 |
| 減 価 償 却 費 | 有形固定資産の価値減少額 |
| 通　信　費 | 切手やハガキなどの郵便料金や電話料金など |
| 消 耗 品 費 | ボールペンなどの事務用文房具やコピー用紙などの購入代金 |
| 水 道 光 熱 費 | 店舗や事務所などでかかった電気・水道・ガス代など |

| 支　払　家　賃 | 他人の建物や店舗を賃借して支払った金額 |
| 支　払　地　代 | 他人の土地を賃借して支払った金額 |
| 保　　険　　料 | 火災保険などに支払った金額 |
| 租　税　公　課 | 固定資産税や印紙税 |
| 修　　繕　　費 | 建物の老朽化や損傷を修理するためにかかった金額 |
| 雑　　　　　費 | 新聞購読料やお茶菓子代など特定の勘定を設ける必要のない少額の支出 |
| 固定資産売却損 | 土地や建物を売却することで生じた損失額 |

［例題11-2］　次の取引を仕訳しなさい。

①　商品宣伝のためチラシ作成を依頼し，¥100,000を現金で支払った。

②　借入金の利息¥3,000を現金で支払った。

③　切手及びハガキ¥5,000を購入し，現金で支払った。

④　事務所の電気料金¥7,000を現金で支払った。

《解答》

| ① | （借）広告宣伝費 | 100,000 | （貸）現　　　金 | 100,000 |
| ② | （借）支払利息 | 3,000 | （貸）現　　　金 | 3,000 |
| ③ | （借）通信費 | 5,000 | （貸）現　　　金 | 5,000 |
| ④ | （借）水道光熱費 | 7,000 | （貸）現　　　金 | 7,000 |

練習問題 11

次の各取引について仕訳しなさい。ただし，勘定科目は目次（CONTENTS）7ページの勘定科目一覧表から選ぶこと。

①　タクシーを利用し，この料金¥2,500を現金で支払った。

② 文房具￥8,400を買い入れ，代金は現金で支払った。

③ 土地の賃貸料￥50,000を現金で受け取った。

④ 不用となった土地（帳簿価額￥2,500,000）を￥3,200,000で売却し，代金は小切手で受け取った。

⑤ 借入金￥200,000を利息￥8,000とともに小切手を振り出して返済した。

⑥ 商品￥200,000を販売し，代金は掛けとした。なお，当方負担の運賃￥3,200は現金で支払った。

⑦ 事務所の電話料金￥32,000が普通預金口座から引き落とされた。

⑧ 賃貸に供している建物の家賃￥120,000が当座預金に振り込まれた。

⑨ 取引の仲介を行い，この手数料￥67,000を現金で受け取った。

⑩ 事務所の電気料金￥16,000が普通預金口座から引き落とされた。

⑪ 事務所の家賃￥90,000を現金で支払った。

⑫ 従業員給料￥132,000を普通預金口座から支払った。

⑬ 不用になった土地（帳簿価額￥4,750,000）を￥4,200,000で売却し，代金は月末に受け取ることとした。

⑭ 新聞の購読料￥4,000が普通預金口座から引き落とされた。

⑮ 建物にかかる火災保険料￥27,000を現金で支払った。

⑯ 建物の修繕にかかった料金￥180,000を小切手を振り出して支払った。

⑰ 普通預金口座に利息￥500が振り込まれた。

⑱ 土地の賃借料￥25,000を現金で支払った。

⑲ 書類作成の手数料￥30,000を現金で支払った。

⑳ 広告費用￥290,000を小切手を振り出して支払った。

㉑ 倉庫の今月分の減価償却費の見積額￥50,000を間接法により計上した。

## 第12章

# 税　　金

　企業は，経営活動を行う上で，様々な種類の税金を負担します。それらは経営活動に必要な費用として認識されます。ここでは，固定資産税，印紙税，消費税に関する処理について説明します。

## 1　固定資産税

　毎年1月1日現在で所有している土地や建物などの固定資産に対して課せられる税金が固定資産税です。固定資産税は，年4回に分けて納付します。固定資産税は，企業が経営活動を行う上で必要な税金であるため，**租税公課**（費用）として処理します。また，納税通知書が届いた時点で，**未払固定資産税**（負債）を計上することが一般的です。

[**例題12-1**]　次の取引を仕訳しなさい。
①　店舗にかかる固定資産税¥120,000を現金で納付した。
②　事務所にかかる固定資産税の全期分¥160,000の納税通知書が届いた。
③　上記②のうち，第3期分の固定資産税¥40,000を郵便局で現金で納付した。

《解答》
① （借）租　税　公　課　120,000　（貸）現　　　　　金　120,000
② （借）租　税　公　課　160,000　（貸）未払固定資産税　160,000
③ （借）未払固定資産税　　40,000　（貸）現　　　　　金　　40,000

## 2　印　紙　税

　契約書や領収書など国が定めている課税文書には収入印紙を貼ることによって印紙税を納める必要があります。印紙税は，その収入印紙を購入した際に**租税公課**（費用）として処理します。

［**例題12-2**］　次の取引を仕訳しなさい。
　契約書に貼付する収入印紙代¥800を現金で支払った。

《**解答**》

（借）租　税　公　課　　　800　　（貸）現　　　　　金　　　800

## 3　消　費　税

　消費税は，商品を購入したりサービスの提供を受けたりした際に課される税金で，商品を買った人やサービスを受けた人が負担する（支払う）税金です。そして，企業は消費者から預かった消費税を消費者に代わり国に納付しています。消費税の記帳方法には，税込方式と税抜方式の2つがあります。ここでは，税抜方式について説明します。

　税抜方式とは，たとえば，商品を購入あるいは販売した際に，消費税の金額を仕入や売上には含めず別に記載する処理方法です。消費者から受け取った消費税は**仮受消費税勘定**（負債）で処理し，支払った消費税は**仮払消費税勘定**（資産）で処理します。最終的に，企業は仮受消費税から仮払消費税を差し引いた金額をまとめて国へ納付します。

［例題12-3］　次の取引を仕訳しなさい。

①　商品¥300,000を仕入れ，代金は消費税¥30,000とともに現金で支払った。

②　商品¥500,000を売り上げ，代金は消費税¥50,000とともに現金で受け取った。

《解答》

①　（借）仕　　　　　　入　　300,000　　（貸）現　　　　　　金　　330,000
　　　　　仮 払 消 費 税　　　30,000
②　（借）現　　　　　　金　　550,000　　（貸）売　　　　　　上　　500,000
　　　　　　　　　　　　　　　　　　　　　　　仮 受 消 費 税　　　50,000

練習問題 12

次の各取引について仕訳しなさい。消費税の処理は税抜方式で行い，消費税率は税抜価格に対して10％とする。ただし，勘定科目は目次（CONTENTS）7ページの勘定科目一覧表から選ぶこと。

①　事務所にかかる固定資産税¥80,000を現金で納付した。

②　店舗にかかる固定資産税の全期分¥240,000の納税通知書が届いた。

③　上記②のうち，第1期分の固定資産税¥60,000を現金で納付した。

④　収入印紙¥12,000を現金で購入した。

⑤　商品¥150,000（税抜価格）を仕入れ，代金は消費税とともに掛けとした。

⑥　商品¥350,000（税抜価格）を売り上げ，代金は消費税とともに先方振り出しの約束手形で受け取った。

⑦　商品¥200,000（税抜価格）を仕入れ，代金は消費税とともに小切手を振り出して支払った。

⑧　商品¥500,000（税抜価格）をクレジット払いの条件で販売した。なお，

クレジット・カード会社への手数料￥20,000は販売時に計上する。

# 第 III 部
## 月次の集計

## 第13章

# 試算表の作成

## 1 試算表の意義と種類

　簿記は，日々の取引を，仕訳帳と総勘定元帳（勘定）に記帳していく営みです。これら帳簿への記録が正確に行われているかを定期的に検証するには，複式簿記が持っている自己検証機能を使うと便利です。取引は，借方と貸方に二重に分類されて記録されます。したがって，すべての記録について，借方と貸方の合計金額は必ず一致することになります。これを**貸借平均の原理**といいます。

　貸借平均の原理を利用して**試算表**が作成されます。試算表は，月末や決算日などに作成して，一定の期間における帳簿記録の正確性を検証するための手段です。試算表には，**合計試算表**，**残高試算表**，**合計残高試算表**の３種類がありますが，基本となる原理は一緒です。

### （1）　合計試算表の作成

　合計試算表は，総勘定元帳の１つひとつの勘定口座ごとに，そこに記入されている借方の合計額と貸方の合計額を集計していくことで作成されます。

　たとえば，７月中のすべての勘定記録が次のようであった場合の，合計試算表の作成の手順をみていきましょう。

### 現　金

| 7 / 1 | 600 | 7 /26 | 330 |
|---|---|---|---|
| 25 | 450 | | |

### 資 本 金

| | | 7 / 1 | 750 |
|---|---|---|---|

### 売 掛 金

| 7 / 1 | 360 | 7 /25 | 450 |
|---|---|---|---|
| 6 | 600 | | |

### 買 掛 金

| 7 /18 | 30 | 7 / 1 | 210 |
|---|---|---|---|
| 26 | 330 | 3 | 300 |
| | | 15 | 240 |

### 売　上

| | | 7 / 6 | 600 |
|---|---|---|---|

### 仕　入

| 7 / 3 | 300 | 7 /18 | 30 |
|---|---|---|---|
| 15 | 240 | | |

　現金勘定についてみていきましょう。借方の記入は，¥600と¥450なので，合計額は¥1,050となります。貸方の記入は，¥330だけなので，合計額も¥330です。これらそれぞれの合計額を，合計試算表の現金の行の借方と貸方の欄にそれぞれ記入します。

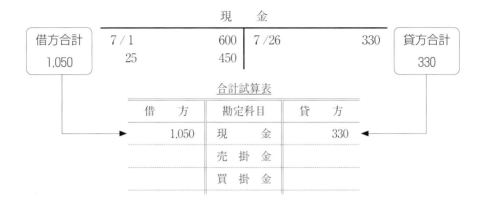

　同じように，他の勘定についても，借方と貸方のそれぞれ合計額を，合計試算表に記入します。

合計試算表

| 借　　方 | 勘定科目 | 貸　　方 |
|---:|:---:|---:|
| 1,050 | 現　　　金 | 330 |
| 960 | 売　掛　金 | 450 |
| 360 | 買　掛　金 | 750 |
|  | 資　本　金 | 750 |
|  | 売　　　上 | 600 |
| 540 | 仕　　　入 | 30 |
| 2,910 |  | 2,910 |

　すべての勘定について，借方合計欄と貸方合計欄の合計金額が一致していることが確認されます。これで，日々の取引の仕訳と勘定転記に明らかな間違いがないことが検証できました。

## （2）　残高試算表

　残高試算表は，総勘定元帳の1つひとつの勘定口座ごとに，そこに記入されている借方の合計額と貸方の合計額の差額を計算して，勘定ごとの残高を集計していくことで作成されます。

　前掲の7月中の勘定記録の例をここでも使用しましょう。

　現金勘定の借方合計金額は¥1,050，貸方は¥330なので，7月末における現金勘定の残高は¥720となります。現金勘定は資産なので借方残となり，残高試算表の現金の行の借方側の欄に¥720を記入します。

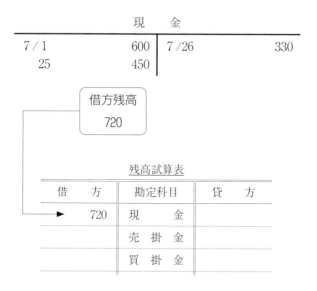

　他の勘定についても，借方合計と貸方合計を比較し，残高試算表において，それぞれの残高が帰属する側（資産勘定は借方，負債勘定と純資産勘定は貸方，収益勘定は貸方，費用勘定は借方）に記入します。

残高試算表

| 借　　方 | 勘定科目 | 貸　　方 |
|---:|:---:|---:|
| 720 | 現　　　金 | |
| 510 | 売　掛　金 | |
| | 買　掛　金 | 390 |
| | 資　本　金 | 750 |
| | 売　　　上 | 600 |
| 510 | 仕　　　入 | |
| 1,740 | | 1,740 |

　すべての勘定の残高について，残高試算表の借方残高欄と貸方残高欄
の合計額が一致していることが確認されれば，日々の取引の仕訳と勘定
転記に明らかな間違いがないことが検証できたこととなります。

（3）　合計残高試算表

　合計残高試算表は，合計試算表と残高試算表の機能を1つにまとめた
ものです。

　現金勘定の借方側の合計額￥1,050を試算表の現金の行の借方合計欄
に，貸方側の合計額￥330を貸方合計欄に，それぞれ記入します。そし
て，借方合計欄の金額と貸方合計欄の金額を比較して大きい側である借
方の残高欄に，現金勘定の残高￥720を記入します。

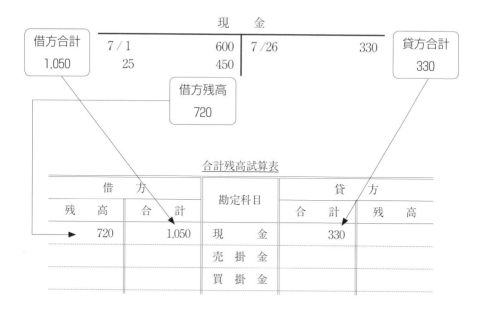

他の勘定についても，同じような方法で，試算表の該当する欄に記入します。

合計残高試算表

| 借　　方 | | 勘定科目 | 貸　　方 | |
|---|---|---|---|---|
| 残　　高 | 合　　計 | | 合　　計 | 残　　高 |
| 720 | 1,050 | 現　　金 | 330 | |
| 510 | 960 | 売　掛　金 | 450 | |
| | 360 | 買　掛　金 | 750 | 390 |
| | | 資　本　金 | 750 | 750 |
| | | 売　　　上 | 600 | 600 |
| 510 | 540 | 仕　　　入 | 30 | |
| 1,740 | 2,910 | | 2,910 | 1,740 |

　すべての勘定について，合計残高試算表の借方合計欄と貸方合計欄の合計金額，それに，借方残高欄と貸方残高欄の合計額が，それぞれ一致していることが確認されれば，日々の取引の仕訳と勘定転記に明らかな間違いがないことが検証できたこととなります。

## 2　月次の集計

　（合計，残高，合計残高の各種）試算表は，１カ月または１年など，定期的に勘定記録を集計して明らかな記録の誤りがないかを検証するためのものですが，同時に，これら勘定記録の集計から多くの情報を読み取ることもできます。

［**例題13-1**］　上記の合計残高試算表から次の金額を求めなさい。
① 　７月31日における現金の残高
② 　７月31日における資産の総額
③ 　７月31日における買掛金の未返済額
④ 　７月中に発生した費用総額

《解答・解説》

| | | |
|---|---|---|
| ① | ¥　720 …… | 試算表の現金勘定の残高欄 |
| ② | ¥1,230 …… | 資産の勘定は現金と売掛金なので，この２つの勘定残高の合計 |
| ③ | ¥　390 …… | 買掛金勘定の残高が未返済額を意味する |
| ④ | ¥　510 …… | 費用は仕入勘定のみであり，仕入の発生額（借方合計） |

### 練習問題 13

　福岡商店は，7月中の取引にもとづいて，月次合計残高試算表を作成している。次の問いに答えなさい。

（1）　7月の合計残高試算表を完成しなさい。

合計残高試算表

| 借　方 | | 勘定科目 | 貸　方 | |
| 残　高 | 合　計 | | 合　計 | 残　高 |
|---|---|---|---|---|
| | 1,200 | 現　　金 | 800 | |
| | 5,500 | 当 座 預 金 | 3,500 | |
| | 1,350 | 受 取 手 形 | 950 | |
| | 7,780 | 売 掛 金 | 6,450 | |
| | 100 | 繰 越 商 品 | | |
| | 1,000 | 備　　品 | | |
| | 30,000 | 土　　地 | | |
| | 4,850 | 買 掛 金 | 5,650 | |
| | | 借 入 金 | 1,000 | |
| | | 資 本 金 | 30,000 | |
| | | 売　　上 | 8,750 | |
| | 2,800 | 仕　　入 | | |
| | 1,650 | 給　　料 | | |
| | 200 | 水 道 光 熱 費 | | |
| | 620 | 支 払 家 賃 | | |
| | 50 | 支 払 利 息 | | |
| | 57,100 | | 57,100 | |

（2）　以下の金額を計算しなさい。

　　①　7月中の当座預金増加額。なお，7月1日の当座預金勘定残高は
　　　　¥1,250であった。

　　②　7月31日現在の売掛金未回収額

　　③　7月31日現在の備品の帳簿価額

　　④　7月31日現在の負債総額

　　⑤　7月中に発生した収益総額

　　⑥　7月中に発生した費用総額

《著者紹介》

伊藤 龍峰（いとう・たつみね）西南学院大学名誉教授
　担当章：第1章，第2章，第3章

工藤 栄一郎（くどう・えいいちろう）西南学院大学商学部教授
　担当章：第5章，第6章，第8章，第9章，第10章，第13章

坂根 純輝（さかね・よしてる）長崎県立大学経営学部准教授
　担当章：第4章，第7章

東　幸代（あずま・さちよ）広島経済大学経営学部助教
　担当章：第11章，第12章

初級簿記テキスト〈第2版〉

| | |
|---|---|
| 2018 年 3 月 20 日　第 1 版第 1 刷発行 | |
| 2019 年 4 月 25 日　第 1 版第 2 刷発行 | |
| 2020 年 4 月 1 日　第 2 版第 1 刷発行 | |
| 2024 年 10 月 15 日　第 2 版第 4 刷発行 | |

著　者　　伊　藤　龍　峰
　　　　　工　藤　栄一　郎
　　　　　坂　根　純　輝
　　　　　東　　　幸　代
発行者　　山　本　　　継
発行所　　㈱中央経済社
発売元　　㈱中央経済グループ
　　　　　パ ブ リ ッ シ ン グ

〒101-0051　東京都千代田区神田神保町 1-35
電話　03 (3293) 3371 (編集代表)
　　　03 (3293) 3381 (営業代表)
https://www.chuokeizai.co.jp
印刷／文唱堂印刷㈱
製本／㈲井上製本所

© 2020
Printed in Japan

＊頁の「欠落」や「順序違い」などがありましたらお取り替えいた
しますので発売元までご送付ください。（送料小社負担）
ISBN978-4-502-34661-3　C3034

─■おすすめします■─

学生・ビジネスマンに好評
■最新の会計諸法規を収録■

# 新版 会計法規集

中央経済社編

会計学の学習・受験や経理実務に役立つことを目的に，
最新の会計諸法規と企業会計基準委員会等が公表した
会計基準を完全収録した法規集です。

《主要内容》

**会計諸基準編**＝企業会計原則／外貨建取引等会計処理基準／連結CF計算書
等作成基準／研究開発費等会計基準／税効果会計基準／減
損会計基準／自己株式会計基準／１株当たり当期純利益会
計基準／役員賞与会計基準／純資産会計基準／株主資本等
変動計算書会計基準／事業分離等会計基準／ストック・オ
プション会計基準／棚卸資産会計基準／金融商品会計基準
／関連当事者会計基準／四半期会計基準／リース会計基準
／持分法会計基準／セグメント開示会計基準／資産除去債
務会計基準／賃貸等不動産会計基準／企業結合会計基準／
連結財務諸表会計基準／研究開発費等会計基準の一部改正
／変更・誤謬の訂正会計基準／包括利益会計基準／退職給
付会計基準／税効果会計基準の一部改正／収益認識基準／
原価計算基準／監査基準／連続意見書　他

**会 社 法 編**＝会社法・施行令／施行規則／会社計算規則

**金 商 法 編**＝金融商品取引法・施行令／企業内容等開示府令／財務諸表
等規則・ガイドライン／連結財務諸表規則・ガイドライン
／四半期財務諸表等規則・ガイドライン／四半期連結財務
諸表規則・ガイドライン　他

**関 連 法 規 編**＝税理士法／討議資料・財務会計の概念フレームワーク　他

■中央経済社■